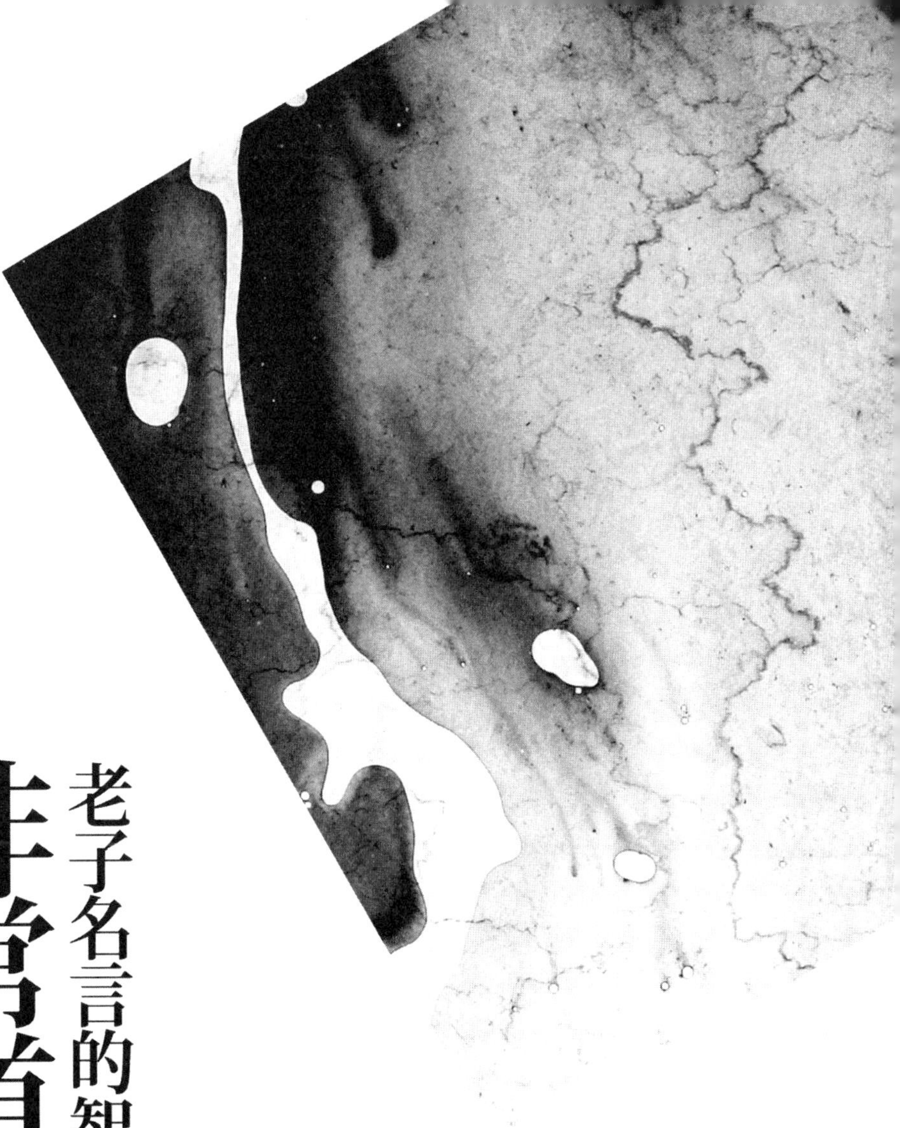

非常道・老子

老子名言的智慧

賴純美◎著

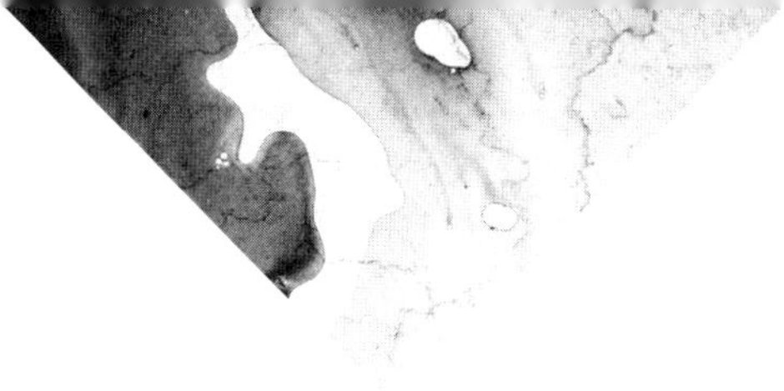

非常道•老子

contents

卷一

下

底也，從反上為下。

牝常以靜勝牡，以靜為下。（第六十一章）

雌性常以安靜勝過雄性，以安靜處於下位。

學生時代，有次我獨自跑到原住民的部落待了一個星期左右。在那裡遇到一對夫妻，至今他們相處的情形還深深印在腦海裡。

那天，山上午後涼爽，漸漸雲層聚攏，隨即便叮叮咚咚下起雨來。吃過飯後，我和新認識的朋友們在山中搭起的簡便小屋外喝茶聊天。山上的雨來得急去得快，雨停瞬間便又綻放陽光，帶著濃濃的水氣。不久，這對夫妻便來了。

他們開的是一台破舊的載貨車，男人一下車便與朋友打招呼，朋友介紹了我們認識，一旁的女人也沒說什麼話，帶著淺淺的微笑和我招呼後便靜靜的坐在男人身旁。男人應該是個粗獷的工人，在我看來脾氣應該很不好，說話大聲，很可能一言不合就會打起來。愛喝酒，尤其一喝酒便滔滔不絕，激動起來會發酒瘋那種。

我已經忘了我們聊了些什麼，只記得那男人說話時，女人總是用帶著笑意的眼睛望著他。偶爾男人說得激動起來，女人也沒說什麼，只是拉著他的手溫柔的看著他，安撫他的情緒。這大概是我見過最粗魯的男人與最柔情似水的女人，即便偶有波瀾，也在女人的安靜與溫柔中化為和諧寧靜。

而後，我總記得那雙深如靜潭、柔情似水的眼睛。

年輕的時候，我一直覺得要求女人要溫柔這件事，根本就是大男人主義牽制女性的詭計，女人溫柔才能順服男人，男人才能掌握住自己的權力。

但漸漸的，在人世流轉中才瞭解到，生命終歸要回到自己的本性，並不是男人強女人弱的問題，自然的一切要和諧便需要陰陽的調和，並非陽剛的人就是勝者，柔弱的人就是輸家，就像太陽月亮一樣，太陽溫暖大地，月亮撫慰人心，各有其位，各自發揮自己的本性，那便是一種生命的和諧。

但我覺得也不要受限於社會價值觀給的形象限制，男人、女人就應該怎麼樣，而是以自己的本性去調和人際間的相處，達到彼此的和諧。老子說的安靜眞的是一個好方式，不論是什麼樣的本性或是什麼樣的情況，安靜不隨之起舞才是最好的應變之道。

江海所以能為百谷王者，以其善下之。（第六十六章）

江海之所以能成爲河流的匯聚之處，就是因爲它處在低下的地方。

在一般人的觀念中，總是望子成龍、望女成鳳。身爲人便要成爲人中龍鳳，寧爲雞首，不爲牛後，所有的勵志故事也都是成功的故事，說明人該如何吃苦以成爲人上人。這幾乎是我們的文化裡對生命一致的期望，成爲成功的人，處於上位，這樣才能過好日子。

但老子卻反其道而行，他說：「江海所以能爲百谷王者，以其善下之。」江海之所以能成爲河流的匯聚之處，就是因爲它處在低下的地方。優秀的人或是在上位的人常常成爲眾矢之的，像那些政治人物，做得好是應該的，做不好馬上被輿論撻伐緊咬不放。低下才是人之所歸。

《伊索寓言》裡有一個老鼠和黃鼠狼的故事。故事說老鼠跟黃鼠狼彼此互相仇恨，常常打得不可開交，但由於老鼠體型小，所以總是落敗。這一天，老鼠們便集合起來集思廣益，看有什麼方法可以對付黃鼠狼。

有老鼠說：「我們雖然數量很多，但就像一盤散沙，應該找出領導者來帶領大家。」老鼠們一陣討論後便推選了幾個體型碩大的老鼠當將領，並且替牠們編上稻草頭冠。

這一天，黃鼠狼突然又來突襲，老鼠大軍雖然有將領，但是依然不敵黃鼠狼，個個飛快的鑽回鼠洞裡，但是那些頭戴草冠的老鼠將軍們卻因爲頭冠被卡在洞口無法進去，最後竟被黃鼠狼給吃下肚。

低調爲下才是生存之道，凡事標榜自己的雖然閃亮，但也不容犯錯，一如水能載舟亦能覆舟。江海只是默默的處於低下的位置，但眾水歸流，水到渠成。在人生的道路上，要能甘於無名的寂寞，的確是一件很不容易的事。十年寒窗，有朝一日若能夠功成名就，便很難能拒絕得了名利的誘惑，即便想拒絕，現在的媒體也會無所不用其極的把你挖出來捲入是非之中。

哲學家尼采說：「一個人知道自己爲什麼而活，就可以忍受任何一種生活。」繁華的人生必得忍受背後的孤獨，而平凡的人就如古龍在小說裡提到的：「如果你是一個平凡的人，那一定過得很幸福快樂了。」

富貴而驕，自遺其咎。（第九章）

富貴又驕傲自滿，那是自己招禍。

在網路上看到一則關於南非近年興起了「貧民窟」旅行的報導，這是南非的一間高級旅館推出的行程，專門針對有錢人設計的「貧民窟住宿體驗之旅」。

這個旅館用鐵皮等廢棄物蓋了一座假貧民窟，稱為「簡陋之城」，簡陋之城模仿眞貧民窟，據聞房間裡沒有廁所，旅客必須到露天廁所方便，房間外是我們常在電影中看到的放在街道邊給流浪漢取暖的火爐。

但是又怕有錢人受不了眞正的貧窮生活，於是這個假貧民窟還提供了暖氣與Wi-Fi。在這個假貧民窟住一晚的體驗價是八十二美金（約新臺幣二千五百元），相當於當地一般人月薪的一半。

二〇〇八年，由印度作家的著作《Q&A》改編而成的電影《貧民百萬富翁》獲得奧斯卡最佳影片獎，延續影片得獎的熱潮，該影片也帶起一股貧民窟風潮，電影是描述印度一位來自貧民窟的青年參加電視《百萬富翁》問答比賽，竟然跌破大家的眼鏡順利破關，比賽來到最後一道題目前，年輕人如果答對了，就可以獲得兩千萬盧比的獎金，主持人這時懷疑這位來歷不起眼的年輕人怎麼可能答對這些刁鑽的題目，一定是作了弊，於是請警察介入調查。

年輕人在警察詢問下，緩緩說出每一道題目與他過往貧民生活經驗所產生的關聯，這才讓人窺見貧民窟那不爲人知的黑暗面，原來在貧民窟裡不只是大家以爲的貧窮生活而已，還有密如織網的犯罪結構綁架貧民的生活，使他們一生命運只能任人擺布。

隨著電影的賣座，跟著也炒出了「貧民窟旅遊」的項目，印度、巴西、南非、印尼等地開始推出參觀貧民窟的行程，雖然這種旅遊的費用會有部分回饋到貧民窟改善當地生活與環境，但是依然引起頗多爭議。

英國萊斯特大學的法比安博士爲了深入研究此議題，也親自到各地的貧民窟去採集資料，他說：「這裡所有的一切都無法在我們正常的生活中看到，這也是人們來貧民區旅遊的內在動力。」一如褚士瑩在《向老天借膽的旅程》文中提到的：「貧民窟之旅就和貧民窟本身一樣，不會因爲視而不見就自然而然消失。」而是參加者的心態問題，貧富之間的那道牆其實並不存在，存在的是因富有而帶著偏見評價別人的生活，而這個社會需要的是互相的尊重與理解。

善用人者為之下。（第六十八章）

善於用人的身段柔軟。

西元前六百三十年，正是春秋紛亂、你爭我奪的時代，爲了鞏固自己的勢力，戰爭往往一觸即發。由於這時候的諸侯仍打著「尊王攘夷」的旗號，雖各自有稱霸的意圖，還不至於全然不顧禮法，一觸即發的滅國之危往往也能在說客的遊說之下解除危機，而這就得端視諸侯是不是能晉用人才爲自己發揮能力。

這一年，鄭國以西的晉國聯合了秦國準備來攻打，這兩個勢力龐大的國家聯合起來，鄭國便如以卵擊石必輸無疑。這時，秦晉兩國的軍隊都已經兵臨城下，鄭文公十分焦急，徵詢大臣的意見，大夫佚之狐便對鄭文公說：「現在國家正處於危急存亡之秋，臣以爲如果能派燭之武前去秦國當說客，秦軍一定會撤退。」

「燭之武？」鄭文公對此人沒什麼印象，但既然佚之狐如此推薦，此人必是人中龍鳳，便趕忙去拜訪燭之武。

原來那燭之武是位已上了年紀的老叟，聽了鄭文公來訪的目的，想起自己這一生懷才不遇，忽然鬧起彆扭，一口便拒絕鄭文公並對他說：「我年輕時就才不如人，現在年紀大了更沒用，如何能擔此重任。」

那鄭文公為一國之君，腦子稍微一轉，便知燭之武的心思，現在用人在即，也不跟他計較，更為客氣的說：「寡人當年有眼不識泰山，沒能重用您，現在有事才來相求，這都是我的過錯！但也請您顧慮鄭國全體人民的安危，如果國家滅亡了，受苦的也只是人民啊！」

燭之武也不是不知進退的人，鄭文公都如此拉下臉了，自己也不好再拿翹，況且鄭文公說的也是，鄭國若亡，自己也就沒了國家，也無法安身立命了。於是便答應鄭文公之託，當天，他便乘著夜黑風高，悄悄綁著繩子從城牆上吊下，前往拜見秦穆公。

燭之武見了秦穆公，先是說明鄭國知道自身處境艱難，但是秦國與我們鄭國畢竟還隔了偌大的晉國，鄭國亡了只不過是擴張了晉國的領土，對秦國一點幫助都沒有。如果秦鄭兩國友好，那兩國使者往來還能互相照應，對秦國是完全沒有害處的。接著燭之武又對秦穆公咬耳朵說晉惠公當年如何忘恩負義，提醒了秦穆公的舊恨。燭之武先是自貶，再分析利弊得失，最後挑起秦晉兩國的矛盾，終於成功說服秦穆公退兵，訂定秦鄭友好和約，而且還派了將領協助戍守鄭國。

晉文公知道消息後，不願與秦國爲敵，也就撤軍離開了。

鄭文公能承認自己的過錯，成功說服燭之武，也因此解決了國家的危機，正是「善用人者爲之下」的典範。

寵為下，得之若驚，失之若驚，是謂寵辱若驚。（第十三章）

受寵的人是卑下的，得寵時很驚惶，失寵時很驚恐，這就是「寵辱若驚」。

電視劇《後宮甄嬛傳》吹起一陣宮廷熱，全劇以後宮嬪妃爭奪皇上寵愛的鬥爭戲碼創下高收視率，一時大家為甄嬛的得寵而欣慰，也為甄嬛的失寵而落寞。

七十六集的《後宮甄嬛傳》，多少嬪妃的眼淚在寵辱間流轉，千方百計只為博得皇上歡欣，有的嬪妃一旦得寵，便恃寵而驕，仗勢欺人；有的嬪妃得寵後便悽悽惶惶、惴惴不安，搞得自己疑神疑鬼；有的嬪妃得寵後儘管收斂鋒芒，仍成為眾矢之的，朝不保夕。皇帝的喜好關係後宮女子的一生，人人有機會、個個沒把握，即使已經握在手上，也不代表從此富貴榮華、安穩一生，而失寵的更是「山宮一閉無開日，未死此身不令出」。

很多女人都以能在戀愛與婚姻中受寵代表幸福，其實是把幸福建築在別人的給予上，而這種給予如地震般讓你無法預測也無法逃避。很多女人受寵時，總覺得會是天長地久，如果問她們有一天對方愛上別人離開時怎麼辦？這時女人往往會灑脫的說一定馬上一刀兩斷，不能容許愛裡有三人行。我有一位朋友之前也是這麼說的，但眞的發生時完全灑脫不起來，放不下對方，不能吃也不能睡，痛苦不堪。受寵時如在雲端的幸福，如今對方不愛了，她立刻重重的跌入地獄，半點不由己。

我們以爲受寵的幸福，不過也只是受制於人的快樂，其實這是一種不對等的施予關係，施予者可以決定要不要給予，在關係上還是處於較高的一方，俗話說「拿人的手短，吃人的嘴軟」，受寵的相對處於下的一方，免不了必須迎合、順服，也就是犧牲自己的自主權，把快樂、幸福的權利交給對方。

如果這樣的幸福快樂可以永久，或許以失去自主權換取永遠的幸福對某些人而言是划算的，可惜的是沒有人能保證永遠的幸福，而且幸福往往會瞬間天崩地裂，世界最大的痛苦之一，莫過於被寵上了天再狠狠的摔落谷底吧，如果有幸能不粉身碎骨，也得花好長的時間復原，甚至傷口一生都無法癒合。

不只在愛情裡受寵的一方是如此，在任何的關係裡受寵的一方很容易就像被馴養的野生動物一般，再難靠著自己的力量回到自然環境中。失寵或招辱時固然失落痛心難以言喻，但受寵時的榮華更需要謹慎啊！

卷二

足

人之足也。

天之道，損有餘而補不足。人之道則不然，損不足以奉有餘。（第七十七章）

天是拿多的來補不夠的，人卻是拿不夠的來補多的。

「欠債還錢」已經是天經地義的道理，《債的歷史》一書裡卻提出「認定債務必須得到清償的觀點是可以再討論的」。

作者大衛．格雷伯認爲，欠錢的人當然要還錢看似很有道理，其實是一種看似溫和無害但其實危險的事情。債務使得暴力關係被合理化，在掠奪的歷史中，一開始施暴者會以欠債的理由奴役受害者，如果受害者還不起就必須拿命來還。

舉例來說，現今第三世界像馬達加斯加、菲律賓等國家，都還必須支付當初歐洲國家侵略後的債款，債主其實是侵略者，被侵略者卻必須還債給這些侵略者，因爲欠債必須還錢，這個模式被固定化且接受為共通的準則。從來沒有人問，為什麼我們要付錢給侵略者？

大衛・格雷伯提出的質疑如果縮小範圍來比喻，就像你在家住得好好的，有一個人突然闖進來要攻占你的房子，你和他打了一架，不幸落敗，而後那人便宣稱要繼續住在原來的房子裡，你得付錢，不然得分一個房間當作租界。只要被侵略者插上旗杆，便成為其殖民地，而後在這塊殖民地上的資源便得無條件的提供給侵略者，欠錢日久成為一種事實，還錢也是應該！

這個世界的資源掌握在少數人手中，他們是既得利益者，但是風險與損失卻留給大部分缺乏資源的人分攤。二〇〇八年美國的次貸風波引發了一連串金融風暴，為了追求利潤，銀行把錢借給買不起房子的窮人，再把債權包裝成商品賣給投資人，窮人最終因為付不起利息而必須拍賣房子一無所有，投資人因為無法獲利，要求銀行買回債權，最後銀行終於也不堪虧損破產，只是破產的是公司，這些既得利益者早就把高額獎金放入口袋，最後不是政府得用納稅人的錢出面拯救，就是這些底層的投資人再也拿不回辛苦賺來的老本。

從這兩個例子我們可以看到，不論是身爲侵略者的債權人，或是賣出投資商品的銀行，都是從相對弱勢者的身上取得他們想要的放入自己的口袋裡，他們是遊戲規則的制定者，也是永遠的勝利者。這便是老子所說的人之道「損不足而奉有餘」，天都是拿多的來補不夠的，而人卻是拿不夠的來補已經夠多的。

少則得，多則惑。（第二十二章）

缺少才能得到，過多容易迷惑。

訪問過一位企業老闆，他很幽默的回答當初結婚是因爲選擇太少。雖然當時和朋友都覺得他的回答實在太妙了，但細想那背後卻又有讓人深思之處。以前年代靠媒妁之言，民風保守，除了交筆友，其實少有認識異性的機會，所以年紀一到，經媒人介紹後，自然的就會步入婚姻，此後休戚與共，結髮便是一輩子。

步入網路社會後，認識異性的方式越來越容易，很多人在網路上交友，認識另一半的機會增加，選擇也變多了，但現代的婚姻卻比以前更難維持。根據內政部公布的統計，臺灣近年來離婚率居高不下，每千人有二點四對離婚，位居全球第三名。不是選擇變多了嗎？又是自由戀愛，應該是更正確的選擇才對不是嗎？爲何離婚率反而變高了。

當然影響婚姻的因素很多，不能單以選擇多選擇少來解釋，從網路上看到一則很另人省思的話，以前的人東西壞了是想辦法修好，現在的人東西壞了是再換新的，婚姻亦如是，選擇多的心態是再換就有，使得婚姻也連帶受到衝擊。

選擇多其實未必如預期的讓你更知道自己要什麼，反而會因此更加迷惑，不知道到底該選哪一個？不知道別人是否如此，但我其實深受「多」的困擾，尤其是買東西時，一樣的東西卻有各種不同的品牌、原料、包裝、價格，到底該選哪一個？爲此常讓我必須在架前徘徊、思考、比較良久，遲遲無法下決定。在菜市場或生鮮超市買菜時常常也是一樣的情況，各種各類的蔬菜、水果琳瑯滿目，卻只是讓我眼花撩亂，不知該買什麼，最後空手而回。

有一陣子我住在印度，發現這種情形改善許多，因爲印度的市場選擇少，食物、水果的種類往往十根指頭數得出來，這對我而言採買卻容易許多。雖然常買一樣的食物，卻會用各種的方式烹調變化，一點也不覺得吃膩，反而更能吃出食物的各種滋味。

《斷捨離》一書的作者山下英子說她有一次有機會在高野山的寺院掛單，看到法師們在山裡過著極簡的生活，她突然領悟到原來「東西少一點也可以生活」。當你執著於外在的東西越來越少，心靈才能有空間去感受與體會，生活也才能更自在與幸福吧。

禍莫大於不知足，咎莫大於欲得。（第四十六章）

不知足是最大的禍患，想要得到是最大的過錯。

如果你擁有了阿拉丁神燈，會許什麼樣的願望呢？

在俄國文學大師普希金的童話故事〈漁夫和金魚〉裡，有一個漁夫就遇到了生命中的神燈，只不過實現他願望的不是神燈，而是一隻金魚。

漁夫住在海邊已經三十三年，每天過著撒網捕魚的生活，但是他的運氣不太好，常常捕不到魚，一直和太太過著很貧窮的生活。

有一天，漁夫照例撒網補魚，網子撒出去了，半天只撈到一些海藻，再把網子撒出去，這次只有一些水草，眼看今天沒有成果，他撒出今天最後一次網，收網時終於網到了一條魚。

他正開心今天終於有收穫了，但那隻魚卻不是一般的魚，而是金魚，且這隻金魚還開口哀求漁夫放過牠，牠願意給漁夫任何報酬交換自由。

捕魚捕了那麼久，從來沒有看過魚會說話的，漁夫其實很害怕，他什麼都沒要求就把金魚放回大海裡了。

漁夫回到家告訴太太這件事，太太聽了很生氣的罵漁夫是笨蛋，家裡的木盆都已經破了，至少也應該要一個木盆。那漁夫只好來到海邊，請求金魚給他一個木盆，回到家時，家裡眞的多了一個新木盆。但漁夫的太太卻更生氣的罵漁夫，木盆根本不值錢，好歹也得要一座木房子。

漁夫再來到海邊，這時海面興起微微的波浪，但是金魚還是答應漁夫的請求，回到家後破舊的老房子已經煥然一新。漁夫的太太發覺金魚眞的能實現願望，於是更大膽的要漁夫再去求金魚讓她能成爲一位貴婦，漁夫沒辦法又來到海邊，海面的波浪更加洶湧了，但是金魚還是答應了漁夫的請求。

這次漁夫回到家，看到自己的太太已經變成一位貴婦，穿著華麗的衣裳、戴著珍貴的珠寶正在吆喝僕人做事。漁夫想太太這回應該滿意了，但是成爲貴婦的太太反而把他趕到馬棚去工作。

過了一陣子，漁夫的太太又開始不滿意她的生活，要求漁夫再去求金魚讓她當女王，漁夫懇求太太不要落人笑話了，但卻被貴婦太太打了一記耳光，硬是又給逼到海邊去求金魚，這時，大海已經變得昏暗，金魚再度答應了漁夫的請求，回到家時，他的太太眞的變成了威嚴的女王，連看都不看他一眼，大家也都把漁夫當成了笑話看。

又過了不久，女王派大臣來告訴漁夫，要漁夫再去告訴金魚，她要當海上之王，要金魚親自侍候她。漁夫知道如果不遵從，女王不知又要如何施以懲罰，只好又來到海邊，這次海邊浪潮洶湧，似乎就要吞沒陸地一樣的可怕，但是這一次金魚什麼也不說，聽完漁夫的話就游回海裡去了，留下漁夫在岸邊痴痴的等待金魚的回覆。但那金魚不再出現，漁夫只好忐忑的回家了，沒想到一回到家，看到的竟是原來的老房子與衣著破舊的太太，一切都回到了當初沒捕到金魚前的樣子。

知足者富。（第三十三章）

知足的人是眞正富有的人。

「知足」好像已經是一個再普通不過的觀念，人人都知，但鮮少人能眞正做到。「知足」這麼難嗎？我忽然看懂了爲什麼大家做不到的原因，因爲「知足」兩字拆開來看不是只要「知」便「足」夠了嗎？無怪乎大家都只知不做。

眞正的知應該是身體力行，只知不行流於空談，只行不知易流於魯莽。明代王守仁說「知行合一」就像人見小孩掉到井裡，必然會引發惻隱之心而呼救，這樣自然的狀態才是知行合一，知而不行只算是「未知」。

因此，人人知足而不行，仍是不知足。我們都以爲知足是一種物質的節儉、不浪費就是知足，其實這只是知足其中一種行爲而已，知足應該是一種生命每分每秒的狀態。

生命每分每秒都在考驗我們知足的能力，什麼時候應該停止追求滿足，停止抱怨、停止生氣、停止爭奪、停止比較、停止偷懶、停止享受、停止浪費、停止煩惱……，生命裡的一舉一動全都攸關知足，即便外在看似好的行爲，也脫離不了知足的檢驗。

知足應該是對任何現狀都滿意的狀態，有的人減少了物欲轉而追求精神，便以爲是知足，但你會發現他又忙於追求禪修、追求大師、追求心靈課程，外在的物質看似節制了，但內在的精神卻又貪婪、不知足了。

所以，知足應該是一種生命狀態的全然呈現，每分每刻自然而然的知行合一。這是最理想的情況，就如孔子所說的「從心所欲不踰矩」，矩是無形的心靈尺度，一種自在，不會因任何狀況而有偏頗，好的狀態不過度，壞的狀態不抱怨、不自責，自在的安住在每一個當下便是知足。

堯到華封時，華封當地官員知道聖人來了，便來祝福他。第一個祝福是長壽，堯推辭了；第二個祝福是富貴，堯又推辭了；第三個祝福是男丁眾多，堯還是推辭了。華封的官員很納悶，一般人不就希望長壽、富貴、多子孫嗎？爲何堯都推辭了。堯回答說：「多男子就增加恐懼，多富貴就容易節外生枝，長壽容易導致身敗名裂，這三樣對德性都會有損害，所以我推辭了。」

不料，那華封的官員竟然回答：「一開始我以爲你是位聖人，原來只是君子。天作育萬物都有其功能，男丁多就找事情讓他們做，財富多就分給窮人，怎麼會是節外生枝呢？聖人居住飲食像鳥，行跡不定，天下有道時與萬物共存，天下無道時隱居修德，生命隨時可以瀟灑離去，這三種祝福根本就不會如你所擔心的造成災患，使你受辱。」說完那官員轉身邊便走，堯追上要再詢問，那官員卻已走遠。

這段記載出自《莊子》，可見得道家推崇的是一種自然無爲的狀態，修德如果流於刻意，也是一種心的不知足。眞正的知足應該是自然而然的知行合一，不刻意，也不只是形式上節儉而已。

我有三寶，持而保之。一曰慈，二曰儉，三曰不敢為天下先。（第六十七章）

我奉行持守三個法寶：一是慈愛，二是儉約，三是不爭先。

老子的這三寶，我以爲是「足」到極致的表現。雖然老子從來不推崇極端、頂尖，但是要檢驗一個人到底眞知足還假知足，可以從老子的三寶裡面窺知。這三寶便是慈愛、儉約、不敢爭功。

一個知足的人，他的精神表現是「慈愛」的。他看待一切萬物以慈愛心，因爲慈愛一視同仁，沒有分別，這便是「道」的展現。如果一個人說他知足，但卻不慈愛，那是無法讓人相信的。知足的人不會因爲自己的各種欲望而去傷害，不去傷害的人必然也是慈愛的，老子說「慈故能勇」，就像爲母則強一樣，慈愛能帶來堅強勇敢的力量，甚至超越分別。你看母貓熊舔初生小貓熊的肛門刺激排便，並將其排出之物吃下化爲營養，因爲慈愛讓我們看到無私與無盡的溫柔，諾貝爾和平獎得主達賴喇嘛說：「慈悲和仁愛是世界共同的宗教，這就是我認爲的宗教。」

一個知足的人，他的生活表現是「儉約」的。在這裡老子所說的儉並不是節儉，節儉是物質上的不浪費，但老子所說的「儉」應該更近於「簡單」之意。老子既然要說的是保全生命的道理，就不會希望你過度苛待自己而提早喪命，因而儉應該是生活表現簡單而自然的狀態，不刻意的要求，也不刻意的放縱，而是一種任其自然，就像一棵樹不會自己過度裝飾，但是失去陽光的時候，它不會去抗議，也不因此放棄生存，它會安靜而自然的趨向陽光生長延伸。

一個知足的人，他的行爲表現是「不爭先」的。俗話說「長江後浪推前浪」，原來有新舊傳承之意，又被後人戲謔的加上「前浪死在沙灘上」，但這一加便頗合老子「不敢爲天下先」的況味。現代社會步調快，尤其商業上的競爭爲了搶得先機，往往不顧一切後果，最後落得死在沙灘上的下場。我們都知道龜兔賽跑最後反而是一步一步走的烏龜勝利了，但是大家還是想當兔子，因爲兔子是寵兒光亮耀眼，相對於烏龜必須忍受多少的唏嘘與寂寞，所以即便一時燦爛，大家也寧願當兔子。只是生命不是短程的百米賽跑，而是三千公尺的耐力賽，最先衝出起跑線的，不見得會是最先跑回終點的。

生命其實不是跟別人賽跑，而是自己跟自己的賽跑，你無須急於衝出起跑線，但是要怎麼到達終點，老子的三寶便是最好的持守之道。

卷三

爭

引也。

名與身孰親？（第四十四章）

名聲跟生命哪一個才是更親近的呢？

你的答案是什麼呢？

答案眞的是這樣嗎？再想想……兩千兩百多年前的一個冬夜，有一個人可不這樣想。

那一夜，歷經多年不分勝負的苦戰，劉邦背棄了與項羽訂的和平協議——鴻溝和約，六十萬劉邦的漢軍來到了垓下把十萬項羽的楚軍團團圍住，楚軍受到漢軍三面夾擊，終於不敵，項羽退到了垓下城。

夜已深，寒風中挫敗的楚軍四周響起了家鄉的歌謠，多年的征戰，滿心以爲和約已簽訂總算可以回鄉過安穩的日子，如今家鄉已在眼前，卻遭到漢軍偷襲，一時垓下四面和著楚國歌聲的是士兵們思鄉潰堤的眼淚。

黑暗中悽切的歌聲也傳入了項羽的帳內，一向豪氣的項羽，聽聞家鄉的歌聲，終於爲之氣短的驚嘆道：「難道劉邦已拿下了楚地？不然爲何此刻四周都是楚國悲切的歌聲呢？」項羽再也無法成眠，伴著他的是寵妾虞姬與貼身座騎騅，此時唯有藉酒一吐胸中之臆，他慷慨悲昂的唱起了這首將來留傳千古的〈垓下歌〉：「力拔山兮氣蓋世，時不利兮騅不逝。騅不逝兮可奈何，虞兮虞兮奈若何！」

「想我項羽氣蓋山河不可一世，如今時局於我不利，連我的座騎也無法再奔馳。無法馳騁的剽悍戰馬該如何？虞姬啊虞姬該當如何啊！」回顧自己的一生，曾何等威風，如今寒風凜冽中唯有四面哀悽的鄉音與寵妾虞姬爲之應和的歌聲，項羽終於落下了英雄淚。

久久深夜的帳內傳出一聲呼嘯馬鳴，項羽率領八百騎兵往南突圍而出，天快亮時，漢軍才派出五千騎兵追趕。項羽一路殺逃，渡過淮河時只剩百人，來到陰陵卻迷了路，屋漏偏逢連夜雨，詢問的農夫指錯了方向，使得一行陷入大沼澤中，追兵將至，等到脫險抵達東城時，只剩下二十八人。漢軍千人追趕而上，項羽又被重重包圍，眼看無法再逃脫，項羽兵分四路，雖已是強弩之末節節敗退，卻仍勢不可擋，硬是斬了一名漢將，一名都尉，還有數百名漢軍，他要自家士兵們記住也要後人記住，今日垓下之圍是天要亡我，非戰之罪也。

漢軍被項羽殺得一時魂飛魄散，暫時不敢躁進，退開數里，項羽因此得空來到烏江邊。想自己殺敵時勇猛無比，沒有跨不過的戰役，然而卻跨不過烏江對岸江東父老對他的期待之情。

「江東雖然只是數十萬人的千里之地，但只要渡了江，漢軍便也莫可奈何，到時仍然可在江東另起爐灶，整軍稱王。」那烏江亭長急切希望項羽趕快渡江。然而，此時的項羽卻遲疑了，追兵在即，他卻下了馬，牽著那千里名駒把牠交給亭長，項羽笑了，悲傷的笑著說：「天要亡我，渡了江又有什麼用呢？當年我與江東八千子弟渡江向西，壯志滿懷，今天卻沒有一個人跟著我回來。即使江東父老仍然憐愛我，稱我爲王，我又有什麼面目來見他們！縱使他們不責備我，我難道能不愧對他們嗎？」

追兵已到，項羽和剩下的二十八名楚軍子弟，抽出身上的短刀，踏步雄壯的殺入敵軍，兵荒馬亂中，項羽殺了數百人，身中數十刀，他一回頭看到了漢騎司馬呂馬童，淡淡的說：「你不是我的舊相識嗎？聽說漢王用千兩黃金與萬戶封邑買我的人頭，我就送你當人情吧。」說完便自刎而死，那烏江畔江水滔滔，從此留下了項羽一代霸王的英雄血淚。

名聲跟生命哪個才重要？如果你是項羽，你的答案又會是什麼呢？

勇於敢則殺，勇於不敢則活。（第七十三章）

敢於堅強則死，敢於柔弱則活。

西元前二百零二年的那場垓下之圍，在更早幾百年前的春秋時代，項羽同鄉老子已經準確預言了誰勝誰負，一位是勇於背棄協議的劉邦，一位是勇於自刎的項羽，同樣是歷史英雄人物，卻有了不同的命運，劉邦統一霸業成爲一代之王，項羽流爲賊寇而死無全屍，正如老子所說的：「勇於敢則殺，勇於不敢則活。」

儘管烏江自刎的項羽留下了決絕的眞英雄形象，但我們看看撰寫《史記》的太史公司馬遷是如何評論項羽的。司馬遷認爲：當初項羽赤手空拳打天下，不過三年的時間，就滅掉秦國成就一方霸業，幾百年來也不曾有過這樣的一號人物。只不過成王之後，他遭到背叛又一味以爲靠武力就能打天下，不到五年也就亡國了。即便自刎之前也還沒有覺悟反省，說這是天要亡他，並不是自己技不如人打輸，這不是很荒謬嗎？

如果項羽聽從烏江亭長，勇於過江回返江東，或許歷史又是另一番局面，然而他卻在此時硬要爭個英雄之名，爭個「虎死留皮，人死留名」的好名聲，爭個是天要亡我，不是我技不如人之名，最後只得自刎於烏江，成就他自己認爲的一世英名，他的一生也就此蓋棺論定。

說穿了，項羽就是面子掛不住，但是他「敢」死，卻「不敢」見江東父老，暫且不論他的家世背景是如何造就出這樣的性格，單就這一事件，就像一個彪形大漢說他怕打針但不怕被砍一刀那樣荒謬。

名聲眞的這麼重要嗎？儒家強調「捨生取義」，司馬遷也說「死有重於泰山或輕於鴻毛」，以至千年以來的英雄都是烈士的歷史，然而退一步想，這些眞的都比生命本身重要嗎？

老子一向給人消極無爲的印象，但我倒覺得老子才是最積極面對生命本身的，他談怎樣的情況會活，怎樣的情況會死，老子哪邊也不選，哪一邊也不推崇，只說：

「此兩者，或利或害，天之所惡，孰知其故？」勇於敢或是勇於不敢到底是有利或有害，老天喜歡哪一種，有誰能知道呢？要死要活還是你自己選吧，但老子絕不會對你說要從容就義之類的心戰喊話。

如果人只有這一世，那想一想，你這一生的生命是多可貴，能來到世上開始一個生命已經是奇蹟了，還有什麼比生命本身珍貴的呢？現在爭的一切，死了什麼也帶不走，那麼用心良苦或是處心積慮的算計，被恥笑又如何？被恭維又如何？都不過是徒增煩惱罷了。

和大怨，必有餘怨。（第七十九章）

即使深仇大恨化解了，但心裡一定還會有難消的餘怨。

歷史上大概只有小氣的管仲運氣好，有不跟他計較的好朋友鮑叔牙，管仲射了齊桓公一箭，齊桓公好不容易裝死逃過一劫，竟然還接受鮑叔牙的推薦，讓管仲當上齊國宰相。

齊桓公畢竟是春秋五霸之一，他不計前嫌的氣度任用管仲，必然是與管仲全然的化解仇怨，得到管仲完全的信任，才能讓管仲不留一手的竭盡輔佐，最後終能成就霸業。然而，一般人的怨恨眞的有辦法全然化解嗎？

老子說了，即便化解也還是會有難消的餘怨。

在成長歷程中，大部分的人多少都有跟朋友反目成仇而分道揚鑣的經驗，吵架的原因或許可能是因爲那一年我們一起追的女孩被你追走了，或許可能是那一年我們一起瘋的男孩被朋友捷足先登了，或許可能是朋友考試沒罩你，或許只是爲了現在也想不起來芝麻綠豆的小事，當時雖然誤會已冰釋也握手言和了，但之後的友誼卻往往再也難以回到當初。

蘋果電腦創辦人賈伯斯曾被自己創立的蘋果公司掃地出門，後來又回鍋蘋果，這段歷程眾所周知，只是賈伯斯當年被請出蘋果的背後卻是一段似乎是「既生瑜，何生亮」的恩怨情仇。

一九八三年，蘋果公司已經創立九年，即將推出蘋果的知名產品麥金塔電腦前，賈伯斯以一句話「你願意賣一輩子的糖水，還是希望有機會改變這個世界？」成功挖角當時是百事可樂總裁的約翰史考利到蘋果擔任執行長。一九八四年一月二十四日，史考利在麥金塔的產品發表會上提到能與賈伯斯爲友的情誼，對他個人來說意義重大。而賈伯斯也在史考利就任蘋果一周年的慶祝會上也說：「我生命中最快樂的兩天，一天是麥金塔出貨，另一天則是史考利答應加入蘋果。」

隨著麥金塔的銷售下滑，兩人間也開始出現裂痕，終致形成兩人在董事會的拉攏惡鬥，最後董事會做出決定支持史考利，把創辦人賈伯斯一腳踢出。儘管在一九九三年史考利離開蘋果時曾表示沒有找賈伯斯回來他很後悔，但直到賈伯斯過世，他們的友誼都未曾恢復。

看似你濃我濃、穩固的人際關係，其實是最脆弱不堪的，夫妻、家人、朋友、同事彼此間常只是因爲一句話、一個眼神、一個行爲或一種態度或一件小事而相爭結怨，一時的血氣之勇，往往卻得花更長的時間修補或甚至再也無法彌補，眞的值得嗎？

不尚賢，使民不爭。（第三章）

不推崇賢名，人們就不會互相競爭比較。

小時候家裡完全沒有課外書，國小六年級時我鄰座的男同學卻有一整套的偉人傳記，有一天他帶來學校後，我便逼迫他每天要帶一本來借我看。當時年紀小的我很喜歡看偉人或名人傳記，或許是因爲幾乎所有的偉人都有窮苦的家庭背景，也都具備在困難的環境中不畏艱難而挑戰成功的意志力，讓我很有共鳴，這套偉人成功的故事模式也成功植入我幼小的心靈，此後在成長過程中遇到挫折時，偉人的精神呼喚總是能讓一向懶散的我愈挫愈勇。

所以，五專畢業後，第一年我盲目的跟著大家報考名校的轉學考，結果落榜；第二年我盲目的跟著大家報考當時熱門的大學企管系轉學考，結果落榜；第三年我終於勇敢報考自己心中想念但大家都覺得很冷門的中文系轉學考，結果——中了。

三年的大學生活成為我遲到的啓蒙之旅，那時同齡女生很愛的逛街我一點興趣也沒有，打工賺來的零用錢只捨得拿來買書，只要有空堂最喜歡的就是去逛圖書館，從第一排書架逛到最後一排，一整天待在圖書館也不會覺得無聊。畢業後，雖然沒能立即找到心目中的編輯工作，但後來也幸運的進入自己所嚮往的出版環境工作。

這便是我的落榜人生，偉人的勵志故事，很具有啓發性不是嗎？為什麼老子卻要說「不尙賢」呢？

在那個年代，有二技學制的學校少得跟現在有五專學制的學校一樣，插班大學的轉學考錄取率更是低得比高普考還難考。考上中文系後，我才發覺我的同學很多都是去補習或也考了幾次才考上的。那時我很訝異，因為我不過是搜集了各校的考古題還有參考書籍，藉著工作剩餘的時間讀書，然後就幸運的考上了，這也讓我常常不免想，如果當初一開始就選擇自己喜歡的科系報考，不跟著名校或是熱門科系的招牌跑，是不是第一年就能考上了？

葡式蛋塔流行後，大街小巷便一家家開起來，競爭激烈的供過於求後再一家家關起來；籃球選手林書豪一夕成名後，許多家長便開始送小孩去學籃球參加籃球夏令營，希望小孩以後成爲林書豪第二。物換星移，老子所處的年代正是瘋賢人的年代，所以老子有此一說，但老子其實是要說推舉任何的人事物，都會讓人心產生競爭比較的心態，競爭比較才是問題之所在。

不過在現代講求功利的社會，老子應該不用過於擔心推舉賢人的問題了，哪一天如果新聞報導有一賢人如老子再世，我想大家絕不會一起老來瘋的。

夫唯不爭，故天下莫能與之爭。（第二十二章）

因為不爭，所以天下沒有任何人能跟你競爭。

金庸的武俠小說裡有一位只聞其名不見其人的武林絕頂高手，還是靠著《神鵰俠侶》裡的楊過跟《笑傲江湖》裡的令狐沖才知道曾經有這樣一位劍術天底下無人能及的「獨孤求敗」。

名為「獨孤求敗」，想當然就是武功強到從來不曾輸過，所以變成一心只想求敗而沒有朋友的孤獨大俠，最後只得隱居山林中與神鵰為友，默默而寂寥的過完一生，等神鵰領了楊過來到山洞，看到獨孤求敗埋下的劍塚，才知道原來有這樣一位劍魔在世。

為什麼一位天下無敵的人，會如此鬱鬱而終呢？武林中人爭得頭破血流的不就是爲了打遍天下無敵手成爲天下第一嗎？爲什麼反而有人要求敗呢？

武功高到一種境界只能求敗，可想而知那樣的武功有多高深，而沒有對手的劍客又有多寂寞！學了一輩子武功便是要精益求精達到上乘之境，便是要能與人比試較量，輸了還有目標繼續努力，贏了也能滿足的享受勝利的滋味。如果都沒有對手了，也就再無進步的可能，那他的武藝也就到此爲止了，永遠不可能達到極致，是以空有一身武功也無用武之地，寂寞啊！

那麼，如果「東方不敗」遇到「獨孤求敗」究竟誰會贏呢？

答案老子也已經告訴你了：「夫唯不爭，故天下莫能與之爭。」

一個不爭勝的人，代表心裡完全沒有勝的欲望了，此時的境界已到了《心經》裡所說的「心無掛礙無有恐怖」的地步，沒有了掛礙，勝不勝都好，輸不輸也沒關係，沒有任何的恐懼，沒有任何恐懼的人就沒有任何弱點，沒有弱點自然便天下無敵。

東方不敗的不敗代表的只是還沒有人能打敗他，所以他心中仍然有勝的欲望，有勝的欲望自然就有怕輸的恐懼，有恐懼的人就有弱點，所以當東方不敗遇到獨孤求敗，當然勝的還是獨孤求敗。

其實，在《笑傲江湖》裡，金庸也早就間接的安排了東方不敗ＰＫ獨孤求敗的戲碼，只是代替獨孤求敗出戰的是練了「獨孤九劍」的令狐沖。那場比試東方不敗單挑令狐沖等武林高手的圍攻，不但沒有落敗反而還占了上風，不過因爲他的弱點被看穿了才導致分心中了暗算，他在死前說：「東方不敗既然落敗，也不會再活在世上。」打敗東方不敗的不是別人，是他自己，是那個不能輸的東方不敗。

不爭的人，自然再無爭端，即便有人硬要爭也無從爭起，天下有誰能跟一個不爭的人爭呢？

卷四

柔

木曲直也。

人之生也柔弱，其死也堅強。（第七十六章）

人活著時身體是柔軟的，人死了身體是僵硬的。

生命初生的狀態是柔軟的，剛出生的嬰兒柔軟得不知從何抱起，脖子是軟的，抱的時候必須用手撐著頭才不會往下掉，頭蓋骨也是軟的還沒有密合所以可以再塑形，隨著年齡增長，骨頭慢慢變硬，行為、思考也跟著漸漸定型、僵化，大部分的人越老越無法改變，變成「老固執」，難以相處、難以溝通，弄得大家一見面就退避三舍最後變成「老孤單」。

柔弱並不是軟弱，如果以為老子說的柔弱是要一味向人低聲下氣，那便大錯特錯。老子的柔弱是一種柔軟的變通之道，活的生命是柔軟的，死的才是僵硬的，很多人明明是活的，卻已經僵硬得不知變通，那便是死的了。

有一個醉漢半夜回家，拿出鑰匙時掉在門口，他卻到街上的路燈下找，鄰居問他在找什麼，他說找丟掉的鑰匙。忙了一陣子還是找不到，鄰居問是在哪丟掉的，醉漢回答說在家門口，鄰居疑惑問爲什麼要到街上找，醉漢回答因爲這裡才有燈。

很離譜嗎？回頭想想，有時候你的堅持不過是爲了堅持而堅持，就像醉漢爲了找而找一樣。你不願意改變，不是因爲你習慣，而是因爲你僵化了，這個僵化沒有瞬間摧毀你，讓你以爲僵化沒有危險，於是你的生命一天天被僵化侵蝕，漸漸的你失去了改變的能力，你也失去柔軟，失去生命的活力。

如果你找不到爲什麼堅持的理由，那便只是習慣、是僵化，那麼你應該放棄無謂的堅持，換一個方式，敞開心胸接受新的，迎接新的改變。不要恐懼改變，改變沒有你想像中的困難，改變其實就像你今天早上出門時決定換走不同的路到公司那樣的容易，你一樣會到達公司，就像人生都必然到達的終點一樣，但是你卻能看到完全不同的風景。

讓你的心柔軟一點，不要在還沒嘗試前就先決定，不要一開始就判斷喜不喜歡，或是覺得自己做不到，不要因爲偷懶而不改變，如果你活著時不動，難道要等到死了才動嗎？趕快起來動一動，如果你明顯感覺有哪裡緊繃了，也就是該改變的時候了。

強梁者不得其死。（第四十二章）

過於強硬的人難以善終。

一位朋友有一天突然很氣憤的傳了一張照片給我，原來是工作室外面街道的樹因為颱風快來了，怕樹會被颱風摧折，所以先砍掉了。

去過她工作室的朋友，大約都是先被那滿眼的綠給招惹，即便身在繁華，也恍若來到一處靜謐安穩之處。客廳外一整排綠意盎然的樹迎風吹拂，即便夏日炎炎，也不覺暑熱，那搖曳的身影如輕風拂面讓人清新如春。如今那樹被砍得光禿，陽光烤著馬路上的柏油直刺眼底，少了那一抹綠，窗外的景緻像是牆壁上沾了蚊子血的讓人難耐，無怪乎一向ＥＱ甚好的她如此氣憤。

那一次的颱風，好在不如預報的造成太嚴重的後果，我到她的工作室見四周更遠的小樹、花草並無多大損傷，唯獨眼前那排樹，倒比被颱風摧折還慘烈，棵棵禿著樹幹似斷臂傷兵，就差沒流出血來的讓人驚心。那排樹不過樹大招風而已，卻換來人類的憂患意識，深怕颱風來造成更大的傷害，於是就先砍了一了百了。

樹尚且如此，那人呢？中外歷史總是推崇英雄人物，那些可歌可泣的英雄故事深入人心，但是他們的結局往往以悲劇收場，我們看項羽無言面對江東父老而自刎、韓信為劉邦打天下卻被呂后陷害而死、岳飛盡忠報國卻被貫以莫須有的罪名、文天祥因為不願招降寧願一死……如果一般人的邏輯是好人有好報，為何這些英雄人物又偏偏死得如此慘烈！

文天祥的詩句「人生自古誰無死，留取丹心照汗青」引動多少英雄的血淚，只求死得其所。日本武士更發展出「切腹文化」，是身為武士最光榮的死法，切腹會產生極大的痛苦，能夠用如此痛苦的方式殉死，便是一位眞正的勇者。只是有勇氣死，怎沒有勇氣活呢？

「滾滾長江東逝水，浪花淘盡英雄，是非成敗轉頭空，青山依舊在，幾度夕陽紅。」這是《三國演義》的開卷詩，我們看桃園三結義裡劉備、關羽、張飛，個個都是英雄，但命運卻各有不同。關羽忠義正氣過五關斬六將、水淹七軍威震華夏，最後於樊城戰敗在臨沮被斬殺；張飛人稱萬人敵，獨守長秔坡威猛無比，卻在東征時被自己的將領所殺害，關羽、張飛雄壯威猛，其命運正如老子所謂的「強梁者不得其死」，劉備三顧茅廬請出孔明，其爲人之柔軟可見一般，最後因病而亡也算善終了。

天下莫柔弱於水，而攻堅強者莫之能勝。（第七十八章）

天下沒有比水更柔弱的，但要對付最堅強的東西時，沒有比水更好的。

上「心靈書寫」課時，有一次我們玩水。我原以爲會是像小時候故意去踩踏雨後地上的水窪那種刺激的玩水方式，結果是用一種很安靜的方式玩水，我們在白色的桌上放一碗水，然後用水在桌上畫畫。

一開始，只是用手指點點的沾水，透過指間，撫觸水的柔軟、感受水的溫度。水滴到桌上後，瞬間自由的變形，我倒了更多的水，在桌上任著水的流動創造揮灑內在的自由奔放！然後開始漸漸有了雛型，首先畫出的是一朵花，雨水打在花瓣上的動態變形花舞，花的四周布滿了點點滴滴的雨滴，接著雨滴開始落下，一滴一滴的慢慢滲透一層層泥土下的隱密世界。

我隨著雨滴進入了豐厚的泥土，先是碰到了糾結的花根，順著根走，遇到了堅硬的石礫，地底下的泥土被雨水漸漸濡濕，然後穿越迷宮般的螞蟻巢穴，蚯蚓鬆開了泥土，蟄伏於地底十七年等待破土而出的周期蟬正在吸食著樹根的汁液，有些地方被水填滿了形成小水窪，蟋蟀正在努力的挖地道建立自己的窩，根又繼續延伸通往更深處的未知小徑。最後，我畫出的是一幅「夏日午後雨林中的一場雨的舞蹈」。

太出乎我意外，原來水如此好玩，如果時間再延長，或許可以跟著雨滴環遊世界了。因爲水的柔軟，所以自由，可以隨意的穿透不受限制，看似沒有力量，卻能滴水穿石，甚至形成一股無敵超能力。

水看起來最沒有個性，但是卻最有變化，它能上山、下海、飛天、遁地，它能滲透、侵蝕、融合、充滿。水是變形金剛，可以是冰山、可以是雪、可以是雲、可以是雨、可以是小溪，也可以是海洋。在八大行星裡，只有地球是被水覆蓋的星球，地球最初的生命便是從水中開始，而我們的生命也在母親的海洋中孕育誕生。

原來，生命本性如水，可以如此柔軟而千變萬化！柔軟不是沒個性，而是充滿彈性，柔軟不是放棄你自己，是讓生命再度返回海洋之途，回到生命最初、最水的狀態。

上善若水。水善利萬物而不爭。（第八章）

至高的善就像水，水融合萬物卻不競爭。

日本民間傳說有一個「稻草富翁」的故事。

在京都有一個很窮的年輕人，不但窮而且運氣很不好，找不到工作，連住的地方都沒有，實在沒辦法，他最後想到求神。

於是他到了一間古老、有名的觀音寺去求菩薩，祈求菩薩幫助他，什麼苦差事都願意做，但是他只有從路邊撿來的野花可以供奉，請菩薩原諒他。

當然，菩薩並沒有回答他。但是，他對菩薩很有信心又繼續祈求，如果從這裡離開後撿到的第一個東西，那一定是菩薩對他的幫助。而後這個年輕人便離開了寺院，來到一片稻田邊，突然一個不小心跌到田裡，他內心希望沒有壓壞農夫辛苦種的稻米，一邊爬起來時手上便拿著一根稻草。

他看著稻草，加上他的姓是稻葉，忽然靈機一動，覺得這一定是菩薩要給他的禮物。他拿著稻草一邊走，看到一隻紅蜻蜓一直在他身邊繞來繞去，他便起了玩心的用稻草把蜻蜓綁住。路上他又遇到一對母子，小孩一見他的蜻蜓就吵著要，大吵大鬧，媽媽勸說不動，就快發怒準備打孩子了。這時他就把蜻蜓給了小孩，媽媽爲了感謝他，也把親戚送的珍貴的橘子給了他，他還來不及道謝，母子已經上了牛車走遠了。

他想他眞是太幸運了，竟然用蜻蜓換到珍貴的橘子，自然是捨不得吃揣在懷裡。過了不久，他又遇到一位坐在轎中的貴婦人，好像熱得喘不過氣來，僕人著急得在路邊找水。這位年輕人便拿出了懷裡的橘子給婦人，那婦人吃下後緩解了口渴，爲了感謝年輕人，她把剛買的昂貴布料送了幾匹給他，又給了他一個便當，讓他路上帶著吃。因爲婦人的堅持，年輕人才很不好意思又很感激的收下了。

過了中午，他肚子餓了，在路邊找了地方休息吃便當，他一邊享用著好久沒嚐過的美味，一邊想著自己竟然用一根稻草換到了那麼多東西，這一切幸運都是菩薩的恩德。不久，遠處有一個武士騎馬走來，那武士原來是要去提親，看到他的布料是很好的料子，希望能買他的布料。最後，竟然是用武士的寶馬交換了布，但是武士交待他，寶馬到晚上要餵牠麥子或乾草。

年輕人想，這是何等的幸運，他現在竟然擁有一匹馬了，一切都是菩薩的眷顧啊！他一點也不貪心，覺得他應該要回去感謝菩薩才對，於是便騎著馬掉頭往回走。這時，太陽已經快下山了，他又來到早上跌倒的稻田邊，沒想到地主一家正想舉家外遷，還欠一隻好馬趕路，便跟年輕人商量用好馬換了田地。

年輕人一天之內便有了家又有了田地可以養活自己，他並沒有因此懈怠，勤勞耕作，常常回觀音寺去感謝供奉菩薩賜給他的恩惠，鄰里間都稱他爲「稻草富翁」。

稻草富翁就是像水一樣隨順因緣，不執著也不爭，或許我們不能像他一樣如此幸運，但是如果心能夠無求不爭，自然也會一切水到渠成的。

弱之勝強，柔之勝剛，天下莫不知，莫能行。（第七十八章）

弱能勝強，柔能克剛，天下的人都知道但都做不到。

我小時候常常被揍，不是因爲不乖被父母揍，而是因爲不服氣被哥哥揍。那時個子極小，只要一和哥哥吵架，嘴皮上常常得理不饒人，哥哥回不了嘴，揮過來就是肚子一記北斗神拳，有一次我甚至明顯的感覺肚子被揍扁肚皮貼後背的感覺。被揍後當然一狀就是告媽媽，只是媽媽那時工作忙，常常不由分說兩個一起處罰，逼得我常常不服氣的大聲吵鬧要爲自己伸張正義，但這樣並沒有換來所謂的正義，通常是被勒令閉嘴，否則就繼續處罰。

那時候一點也不懂得什麼弱之勝強，柔能克剛的道理，而且最討厭柔弱的女生，只要吵輸架動不動就流眼淚告老師的女同學更是討厭。我以自己從來就不是個柔弱的女生而自豪的長大。開始戀愛後，有一次哥哥語重心長的告訴我，女人不要太利，不然只會自己吃虧，當時我還覺得要裝弱才能讓男人喜歡的話，那這種男的也不是懂我的吧！最近看到森見登美彥《情書的技術》一書裡主角講到自己的妹妹時說：「明明只是一個高中小女生，說話卻經常直接戳中紅心，這就是她的毛病。這樣將來是不可能幸福的。」我忽然十分瞭解當初哥哥對我說這話的心情，眞是個爲妹妹著想的好哥哥啊！

後來開始工作，雖然沒有因爲這種「內在」剛強的個性吃過什麼大虧，但在感情路上卻是一路跌跌撞撞，雖然我覺得不能用結果論來說不幸福，畢竟幸福與快樂都是要自己創造的，不能依賴別人給，但即使現在眞的知道老子所說的柔弱之道，但遇到衝突時還眞是如老子所說的「天下莫不知，莫能行」，要做到柔眞是太難了！

前一陣子幫姊姊帶小孩，兩個小孩的個性差異極大，一個就像小時候我的翻版，爲自己爭取到底，一個個性柔和許多，懂得避開風頭，同一件事態度明顯的不同，但讓人的感受也就有了明顯的差異，對於較爲柔和的小孩自然生不起氣來，他要求時也容易給得心甘情願。這時，我才深深體會柔弱並不是把自己貶低，更不要以為那是委屈求全，把自己當成受害者般的自哀自憐，這樣的柔弱其實並不會獲得同情，有時還讓人覺得自作自受，適得其反。

柔弱其實是給自己也給別人空間，是一種更強的堅韌，就像樹的生長如果被遮蔽了，它會彎曲自己獲得另外的生長空間，如果硬要突破不但費力，或許還傷了自己，彎曲不需費力，它只不過是換個方向輕輕轉彎，不傷自己也不傷別人。

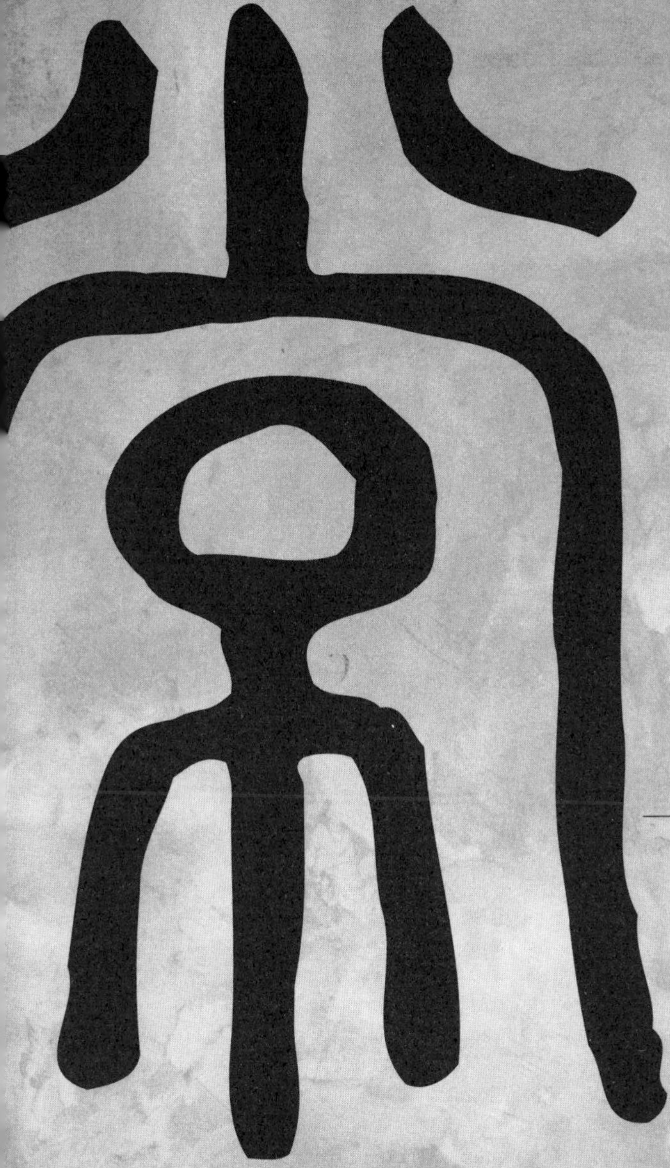

卷五

常

下帬也。

天地不仁，以萬物為芻狗。（第五章）

天地無偏私，對待萬物一視同仁。

天地如果有情，那該如何掌握生殺大權？是善有善報，惡有惡報？還是只要承認有罪的，死後便能上天堂？其實，不管用什麼原則，標準都很難訂，如果是用善惡，那要如何定義善惡呢？人沒有絕對的善，也沒有絕對的惡，更沒有一個善惡天秤可以秤量是善還是惡，即便善惡有標準，那爲什麼是訂那個標準呢？如果少一點或多一點的標準，不是又造成不一樣的結果了嗎？

所以，爲了避免世間人類的抗議，天地是沒有任何偏私的一視同仁，唯有如此，才有絕對的公平。也因此當好人遇到天地的殺伐時，總是難以接受，「爲什麼我沒做過什麼壞事，要遭到老天這樣的懲罰呢？」

我的父親身子一直都很健朗，沒生過什麼病，但一病得知便已是肝癌末期。從發病到走不過一年多的時間，看著父親日漸消瘦卻無能爲力的無力感，只能試著找其他方式幫助他。唯一覺得幸運的事，父親因爲沒有化療，所以沒有受太多治療上的苦與不適，但是我總覺得，如果家裡更有錢，或許能多幫助父親什麼，至少也能住好一點的病房，用好一點的藥，可以不用去工作陪在他身邊，幫助父親最後的日子更加安適。

父親過世後，近半年多的時間，幾乎每夜都是在父親走的那一刻睜開眼睛，而後腦海中便是父親在世最後一天的每一幕每個細節一直到我失去他那一刻。我開始羨慕還有父親的朋友，尤其父親節時更是失落，再也無法慶祝父親節了，我已經是個沒有父親的孩子。我甚至有些嫉妒的覺得爲什麼我的父親在我還年輕時就走了，很多人都是中年以後才失去親人的啊，老天眞是不公平。

那時我特別留意新聞播放哪位名人罹癌的消息，然後不久他們也走了。很抱歉的是那樣的新聞當時眞的稍稍寬慰了我覺得不公平的心情，每當有哪一位名人逝去時，我深深的覺得在死亡面前，老天果眞是一視同仁的，沒有因爲是名人或富人，他們可以得到更好的醫療而留住生命。因此，我對父親早逝的不平之鳴也漸漸能夠釋懷，至少在死亡前老天是絕對公平沒有貧富差距的。

奥修說：「除非你愛一個人，然後他死了，否則你沒有辦法眞正碰到死亡。死亡唯有在一個所愛的人死的時候才能碰到。」父親過世前，我是眞的不認識死亡的，死亡好像就是每天的意外消息，聽到或許遺憾，但不會如此深刻。當父親走後，我才眞正碰到死亡，它那麼深刻，也那麼讓你無能爲力，更讓你瞭解生命的可貴。而那些日後關於死亡的消息也讓你瞭解了，這原來是老天對生命的提醒，在死亡面前「天地不仁」，一視同仁，然後你便能漸漸學會怎麼告別死亡的憂傷。

飄風不終朝，驟雨不終日。（第二十三章）

風不會持續不斷的吹，雨不會整日不停歇。

人世間落於好的一邊時，都希求不變。戀愛中的人希望愛能永恆，健康的人希望永遠健康，有財富的人希望永遠富有，快樂的人希望永遠快樂。但是落於不好的一邊時，又希求改變，生病的人希望快點復原，貧窮的人希望擺脫貧窮，痛苦的人希望解除痛苦，悲傷的人希望不再悲傷。

終究，天無法從人願，即使天自己，也無法不變。風無法持續的吹，雨無法整天的下，雲無法停留於一處，四季無法不變換。這世界唯一的不變就是變，每時每刻、每分每秒世界都在改變，如果有一天世界再也不改變了，人類便要恐慌末日將盡了。

改變不好嗎？爲何我們會如此懼怕改變而祈求不變，通常會令我們抗懼的改變都是因爲帶來痛苦與悲傷，美好不再。但是如果不變，那痛苦不就是永遠的痛苦，悲傷也將成爲永遠的悲傷，終無復原的一天。這會是我們所希望的不變嗎？

佛教也說變，稱之爲「無常」，常是不變，無常就是無不變，沒有什麼是不會改變的。但是，佛教所說的無常比較常落在生死上來說，《佛說無常經》裡說：「生者皆歸死，容顏盡變衰；強力病所侵，無能免斯者。」生命都會走向死亡，美麗的容顏也會消逝，身體都會遭到疾病所侵擾，這是無法避免的啊！佛教的生死無常有著十年生死兩茫茫的滄桑，被提起時常是爲了寬慰失去的傷痛，所以也顯得較爲沉重。

老子的無常與變是在天地自然間的觀察，是一種道的和諧，是一種美麗的改變。清晨的夜逐漸散去，陽光在雲霧的細縫間透出，空氣從清新到溫厚，鳥兒此起彼落的叫著，風斷斷續續的吹著，人聲紛紜雜沓，車聲、喇叭聲，從不知是哪家廚房飄出的飯菜香，小狗汪汪叫著，誰家的鐵門拉開了，然後是鄰里間的問候。而後，車聲、人聲漸漸散去，陽光悄悄的從前院移到屋頂，小貓安靜的晒著太陽，緩慢的呼吸起伏在陽光下打盹，一旁螞蟻來來去去的忙著搬食物，隔壁家的電視播報著午間新聞，王媽家的鍋鏟正熱鬧的在鍋裡翻攪，然後一切又開始安靜，陽光悄悄的再移到後院，天空開始從金黃、橙黃、橙紅、紅紫、藍紫到沉入黑暗，月明星稀，街燈一點一點的亮起與天上的星星交映閃爍，家家戶戶的燈亮起了又熄滅了，眾聲歸入沉寂，而黑暗中一些晶亮的眼睛又開始甦醒……。

天地有大美，在山、在水、在天、在地、在四季、在生活、在你我、在改變中。

出生入死。（第五十章）

生命都是出生而後走向死亡。

有一位朋友在他的微信個性簽名裡寫著：「老子來到這個世界，就沒打算活著回去。」我覺得很有趣，這種說法看似置死生於度外，對生死有了然的豁達，一種黑色幽默的人生況味，但其實換個角度也可以說這是廢話，從古至今，有誰能活著回去呢？

人人都知道必死無疑，只不過大家都懷著死道友不死貧道的心情過日子，天塌下來還有別人頂著，所以時間像是永遠揮霍不盡般的浪費過日子，等到有一天突然驚覺死期將近，才發覺自己還有好多夢想沒有完成。

電影《鐘點戰》的劇情設定十分發人深省，時間到了二十一世紀末，時間取代了金錢成爲貨幣單位，每個人到了二十五歲就會啓動一個再也不老的機制，但是在手臂上會出現生命倒數的時間，要搭車、買食物、做任何交易都得用你的生命時間來換，因此你也必須努力工作來換取時間，否則時間一到，你就會死。

貧民區的人生命時間常常是以時倒數，電影中有一幕是主角睡前祈求他希望早上醒來至少有一次讓他所擁有的時間能多於二十四小時，可以想見，當生命與時間拔河時，時間有多麼可貴。但是在上流區，富人的時間卻取之不盡、用之不竭，有一次主角在酒吧遇到了擁有一百年的人，酒吧裡面馬上引來了搶時間的盜匪，主角在幫助那人逃離後，質問他爲什麼要炫燿自己的時間？但那擁有一百年時間的人卻回答他，他已經一百零五歲了，等你活夠了你就會知道爲什麼！那擁有一百年時間的人，歷經一百年的人生，終於知道沒有人能永遠不死、不老，他原是刻意來尋死的。

擁有時間太少的人，每天過著必須對時間斤斤計較，一刻也不能浪費的生活，活在時間用完就必須死亡的恐懼中；擁有時間太多的人，儘管能無限制的揮霍時間，卻又時時活在怕時間被搶的恐懼中而不能信任他人，哪怕是自己的家人也無法完全信任。最終，不論擁有時間或是沒有時間的人都一樣的活在恐懼時間的流失中度日。

這部電影使人對於生命與時間有了非常明確連結，如果一覺醒來，發現你的左手臂上倒數的生命是一年，或是一個月，你的生活將會開始不一樣，你會把握時時刻刻去完成你所有的夢想。但是，也切莫過於活在死亡的恐懼中，人生必死，你只是必須眞正懂得不要再浪費時間、浪費生命了。

禍兮，福之所倚；福兮，禍之所伏。（第五十八章）

災禍後隨之而來是幸福，幸福裡潛藏著災禍。

當人在災禍中過著痛苦暗無天日的日子時，他看不到何時才會黎明；當人在幸福中過著快樂美滿的生活時，他看不到何時會有黑暗。

人在痛苦時，時時刻刻、分分秒秒都感受到痛苦，每一個呼吸都無法停止的痛，讓你度日如年，而這種痛苦也唯有自己能承受，沒有人能代爲受苦，於是人在痛苦中益發孤獨，誰都幫不上忙。漫漫長夜，你覺得這世界沒人能瞭解你的痛苦，也覺得這世界只有你自己一個人在受苦，你看不到何時這個痛苦才會結束，甚至覺得這痛苦長到沒有結束的一天。終於，時間慢慢過去，或許你的痛苦沒有減輕，但是你會漸漸的習慣痛苦，學會怎麼與痛苦相處，直到有一天，當你回頭想起那些痛苦的日子，卻一點也不記得那痛是什麼，怎麼樣也想不起來了。

人在快樂時，時間短如刹那，短到有時感覺不到快樂存在，而你以爲那是應該的，所以不懂得珍惜，你揮霍、浪費，以爲永遠都會如此，所以你不珍視人家所給的，也不覺得自己所擁有的有什麼特別，甚至還不滿足的希望擁有更多，羨慕別人所擁有的，總是看著自己的缺少。一直到有一天那原來擁有的眞的失去時，你才會發現，原來你一直擁有，但是你卻從來不知道，而失去已然失去，再也不復得。

有一個老翁丟了一隻馬，鄰居們知道了紛紛來安慰他。但是他卻不如一般人覺得可惜、心痛，只是對來安慰他的朋友說：「怎麼知道這是不是福氣呢？」過了不久，那馬回來了，還帶了其他的馬回來。鄰居又紛紛來恭喜他，老翁還是氣定神閒的跟朋友們說：「怎麼知道這是不是災禍呢？」老翁的兒子喜歡騎馬，有一天爲了要馴服那些野馬，摔下來把腿摔斷了，鄰居又紛紛來安慰，那老翁還是說：「還好只是摔斷腿，命還在，怎麼知道這是不是福氣呢？」後來，戰爭開始了，有多人都被徵召去打仗，而老翁的兒子因爲腿摔斷了而躲過了戰爭的災禍。

人生是福是禍，都不是一時一刻能下定論的。苦難時要學會無爲的等待，守得雲開見日時，萬物有時，時間不到花開、日出都是不可得的。幸福時更要懂得珍惜，這樣失去時才不會有遺憾。

天網恢恢，疏而不失。（第七十三章）

自然是廣大無邊的，雖然遼闊卻無任何遺漏。

身邊的東西常常因為太熟悉，所以有時甚至不知道其中的道理與奧妙，但是如果發揮柯南精神，蛛絲馬跡尋根究底，會發現自然界竟然如此神奇沒有遺漏，萬物各有其不可思議的妙用。

學生時代上課時，有一天老師突然問我們為什麼人會有眉毛？當時心裡突然一驚，「對齁，眉毛一直長在眼睛上面這麼久了，為什麼都沒想過人為什麼會有眉毛？眉毛是做什麼用的？」底下的同學沉默半晌，竟然還真的沒有一個人可以回答眉毛是做什麼的？可見填鴨教育下的孩子有多沒有好奇心，多不思考。

後來老師公布答案，原來眉毛是用來擋從額頭上流下來的汗水，汗水鹹鹹的才不會直接滴入眼睛，這樣眼睛才不會不舒服。你答對了嗎？我知道答案後覺得十分驚訝，彷彿窺見上帝的全能，怎麼可以細緻的連汗水會直接滴入眼睛都要設計出眉毛來擋汗水！需要這麼大費周章嗎？只爲了汗水！

韓劇《大長今》播出長今參加醫女的訓練時，受到老師的百般刁難，必須通過考試才能獲得資格，其中一個考試題目是要寫出植物的特性與用處，長今照著醫書所寫卻沒有通過考試，原因是所有的植物的功用在不同的情況下會有不同的用法，必須依照不同的狀況才能使用而非絕對。多麼偉大的設計，所有的事物都不是單一，小至一株植物都有它的功用也有它與環境融合後的協調變化。即便我們現在的知識並不知道它的用處或特性，但那也僅僅代表它眞正的功用還沒有被發現而已，不代表它沒有功用。

萬物皆有所用，這便是自然的奧祕，所有的一切在存在時都已經是完整的，如此廣大、遍於一切，沒有遺漏卻又如此不造作，了無痕跡。當你開始欣賞自然，用心傾聽，你會發現，一株草、一朵花、一棵樹、一粒種子……萬事萬物都是爲了世界而存在。杏林子的〈生之歌〉說：「生命是一首歌，詠出諸天的奧祕，一粒貌不驚人的種子，往往隱藏著一個花季的燦爛。」在看似如常的世界裡，只要用心看，認眞聽，你會發現自然的廣大無邊，遼闊而無遺的生命奇蹟。

卷六

欲

貪欲也。

甚愛必大費。（第四十四章）

過於貪執一定會有損耗。

春秋早期，衛國國君衛懿公愛鶴成痴，凡是獻鶴的都有重賞，為討主子歡心，很多人想盡辦法獻鶴給衛懿公。一時王宮裡鶴滿為患，衛懿公便祭出了「鶴大夫管理辦法」，按等級分封諸鶴，最上等的賜為鶴大夫，並各自領取相關俸祿，當然愛鶴及屋，負責照顧鶴的鶴僕也連帶受到很好的禮遇。

隨著鶴大夫的晉封，少不了還是得盡點為臣之職，總不能光領錢不辦事，於是每當衛懿公要出巡時，鶴大夫們便得排班跟車，最前頭有「鶴將軍」領軍開道，後頭的鶴大夫們還有特製的豪華轎車可以乘坐，一行總是鶴鶴蕩蕩，主鶴間好不愉快。

不過，好日子終究是會過完的，衛國北方出現狄人來攻，還在出遊的衛懿公大驚失色，這下可怎麼辦好？連忙帶著眾鶴將趕回都城。只是因為懿公荒廢朝政日久，又待人民不如待鶴，早已失去民心，整軍出發授與士兵盔甲時，只聽到大家怨聲載道嘀嘀咕咕的說：「派鶴將軍去啊，牠有俸祿，我們哪比得上鶴將軍可以去打仗呢？」

這時衛懿公才總算知道自己錯了，為了彌補自己的過失，他自己親自帶兵上陣。只是平時疏於整頓的軍隊，當然是一打便潰不成軍，眼看大勢已去，衛懿公還不肯認輸，硬是不撤退，最後據說被砍成肉泥，果真是駕鶴西歸，當然衛國也就此滅亡了。

因為過於喜愛鶴而導致亡國，想來非常不可思議，一般人總是有喜好之物，但為了喜歡鶴而亡國，這種功力實在讓人匪夷所思。其實，這樣的人一點也不誇張，攤開平常我們所看的社會新聞就會發現過於貪執欲望的人比比皆是。有好賭敗光家產的，有貪杯而誤事的，有吸毒而命喪黃泉的，有失戀而自殺或殺人的……。身在帝王家的，亡的是國家；身在百姓家的，亡的是自己或別人的命，任何事太過了，就會有損耗、災禍。

人都是追逐快樂的感受，但快樂久了就變成一種麻痺，於是要更進一步的快樂才有感受，然後逐漸上癮越陷越深。即便是原本看來毫無問題的喜好或事物，也會因爲過於喜好變成依賴甚至被其控制。

有位朋友告訴我，他曾去醫院戒咖啡癮，剛開始喜歡喝，天天喝，後來每天喝的量越來越多，沒有喝時就全身不舒服無法工作，最後只好去醫院戒咖啡癮，戒的期間令他痛苦萬分，好在終於戒成功了，現在他只適量的一天一杯，擺脫了被咖啡控制的生活。看來無害的咖啡，大家一定覺得喜歡不會有什麼問題，甚至有些報告還指出適量的咖啡對身體是有幫助的，但上癮之後再好的東西也會出現問題的，無怪乎老子說「甚愛必大費」啊！

馳騁畋獵，令人心發狂。（第十二章）

騎馬打獵過於放縱會讓心發狂難以馴服。

現代人如果沒水、沒電、沒網路，應該很快就會得一種世紀絕症——無聊病，沒有這些完全不知道日子怎麼過下去。古代人沒水、沒電、沒網路到底能有哪些娛樂呢？琴棋書畫都是些怡情養性的娛樂，騎馬打獵應該就算得上是最刺激的活動了。大部分的人都喜歡追求刺激，因爲刺激會有一種不同於平常的快樂感受，讓人沉浸其中什麼都忘了，只是放縱自己在刺激的感受中，心便很難收得回來。

齊景公有一次外出打獵，算算日子，已經打了十八天的獵還不回來，晏子忍不住了，便出發要去把齊景公抓回來辦公。晏子不停趕路，總算遠遠看到齊景公的隊伍，顧不得帽子歪了，衣服也不整齊，便直接去見齊景公。

齊景公打獵打得正開心，看到晏子急急忙忙，一副落魄樣，以爲發生了什麼事，趕忙下馬詢問晏子說：「愛卿爲何突然來了，難道國家出了什麼事嗎？」

晏子說：「國家是沒發生什麼大事，但是微臣有話要向您報告。景公您一去十天半月，不在朝中，大家都以爲您只顧打獵忘了朝政，以爲您只關心動物不關心人民，這樣恐怕不太好。」

景公的好興致雖然被澆了冷水，但大概心情舒暢也不以爲意，便回答晏子說：「怎麼會呢？司法訴訟的案子有泰士子在處理，宗廟祭祀的活動有泰祝子統籌，外交應對有行人子作公關，地方財政國庫有申田在管，國家有哪裡需要協調以多補少的有晏嬰你在，我有你們五位賢臣，就像心有手有腳一樣。心有四肢，就能放心交給四肢，現在我有你們，當然也就可以放心交給你們處理，不是這樣嗎？」

晏子說：「微臣聽到的跟您不太一樣，有了手腳，心輕鬆一點是可以的，但是如果手腳十八天都沒有心來領導，那不是太久了嗎？」

齊景公想想好像有道理，只好聽晏子的話收心回朝辦公了。

現代人不騎馬打獵，但是現代的娛樂要戒除眞是一件很困難的事，因爲現代的娛樂往往設計之初就是希望使用者可以沉浸其中最好不要停下來，用了各種誘因讓你不斷的想挑戰、破關或是一再的使用，有的人甚至爲了虛擬寶物，甚至還偷竊、搶劫，這不就是因爲過於放縱而發狂了嗎！

金玉滿堂，莫之能守。（第九章）

金銀珠寶堆滿家裡，也沒辦法永遠守住。

新聞偶爾出現的貪汙或炒股的案件，常讓我覺得很納悶，這些人如果跟一般的上班族比，生活都已經很優渥如意了，為什麼還要鋌而走險以致身敗名裂？

只是，錢有人嫌少的嗎？

十八世紀的世界首富可是落在中國人的手上，此人便是大家熟知的清乾隆時期的貪官和珅。和珅早年失怙家庭困苦，但憑著自己努力又加上娶了總督的孫女，當上了大臣。為官初始時，畢竟是讀四書五經出身的，也是個有理想有抱負的青年，才能出眾，後來兒子當上了駙馬爺，與皇帝乾隆主子有了關係，所以漸漸變成皇帝身邊的紅人。

身為紅人，有了權力自然身邊也開始有人想盡辦法巴結送「東西」，食髓知味，又加上皇帝的倚重，自然是伸出了權力的魔爪肆無忌憚的搜刮。夜路走多了總是會遇到鬼，這當中當然也有被扯過幾次後腿，遭到降級處分，但這降級約莫也是乾隆用來做做樣子堵別人嘴用的，沒過多久乾隆總是又封又賞。如此這般幾次後，和珅大概覺得自己是不死鳥，養出了熊膽，加上乾隆晚年老糊塗了，從皇帝小子當到皇帝爺爺，也想享享「清」福，和珅又深諳主子的心，兩人便一搭一唱的遂行私欲，終於就這樣養出了世界級首富。

和珅一生用盡心機斂聚財富、鞏固權力，機關算盡卻沒有算到乾隆主子有一天會先離他而去。乾隆能容他這樣胡搞，但乾隆的兒子嘉慶能容得下他嗎？當然是爸爸一走，兒子就來秋後算帳。嘉慶四年正月初三太上皇乾隆駕崩，正月初八嘉慶就迫不及待讓和珅下獄，只是要關前朝大臣還是得有個名義，還花了八天的時間才擬出二十個和珅的罪狀，正月十八，乾隆過世不過十五天，和珅就被賜白綾在獄中自盡了，死時才五十歲。

和珅下獄後，當時民間留傳了句俗話說：「和珅跌倒，嘉慶吃飽。」在獄中的和珅死時沒有帶走他一生努力搜刮來的八億兩白銀家產，當時清朝每年的稅收不過七千萬兩白銀，他的家產足夠清朝政府十幾年不用徵稅，他死後唯一留下的是讓人唏噓的獄中絕筆詩：「五十年來夢幻眞，今朝撒手謝紅塵。他日水泛含龍日，留取香煙是後身。」五十年來的積攢不過是一場空，到頭來即便是金玉滿堂也帶不走一分一毫。

吾所以有大患者，為吾有身，及吾無身，吾有何患？（第十三章）

我之所以會有災禍，是因爲我有身體，沒有身體的話，哪裡會有災禍呢？

有一次我和朋友討論，頭部的眼耳鼻嘴如果可以少一樣，你覺得可以少掉什麼？我覺得是耳朵，因爲少了眼睛不能看很不方便；少了鼻子聞不到吃東西時就少了香味的刺激，不喜歡的味道只要捏著鼻子忍一下就過了，香味聞起來又會讓人心情很好；嘴巴更是不可少，那麼多美食如果從此不再吃的話，那人生多無趣；倒是耳朵完全是沒辦法控制不讓聲音進去的，偶爾在車上聽到沒公德心的人一路一直講電話或是捷運上大聲喧譁實在讓人很煩惱，要被迫聽有時是一件很傷腦筋的事。所以，沒有耳朵，對我來說反倒可以清靜一點，也是最不影響生活的。

但是我的朋友卻說他覺得可以少掉嘴巴，因爲那就可以不用再吃了，肚子餓了要吃是沒辦法忍的，爲了吃得去工作賺錢買食物來塡飽肚子，而且不是吃一次就夠了，還要一直吃，他覺得人有嘴巴很麻煩，所以最好沒嘴巴。

他剛說時我覺得很有道理，但再一想，人如果沒有嘴巴，從此不用再吃東西了，那要靠什麼動力活下去呢？不用吃，大家都不會再肚子餓了，生命就沒有非得去做什麼的動力來源了，做什麼也都不需要努力，也不需要去工作賺錢了，那人還能做什麼？

這樣一想，忽然覺得原來促成人所有活動來源的欲望是吃，而這吃的生命機制實在設計得太奧妙了，不但要吃，而且要拉，這樣才能繼續吃。如果當初的設計是吃了不會拉，那滿了就可以不用再吃，從此這事情就了結，人很快就沒事做了。不斷的吃才能促成吃這個活動一直反覆進行，人也在反覆的行爲中逐漸進化升級，開始學會製造食物，然後學會囤積，爲了囤積開始掠奪，爲了掠奪而做出傷天害理的事，這便是人之所以有身體便有大患的道理。

現代人雖然不用再像古代人爲了吃耗盡心力，但卻也開發了來自身體的其他欲望，從外到內看得到的衣服、鞋子、化妝品，看不到的職位、名稱、頭銜……都是繞著身體打轉的身體工業。人一生都爲了這身體在努力，最後死時這身體也只有腐敗化爲塵土，跟財富一樣帶不走。老子雖然希望大家不要動不動捨生取義，但也希望大家不要過度重視身體的欲望，這樣其實才是眞正的保全生命。

不見可欲，使民心不亂。（第三章）

不去展示讓心嚮往的，心就不會被擾亂。

人都是這樣，沒有比較就不會知道自己缺少了，不知道的時候，日子每天沒有什麼不同，大家都一樣，但是知道人家有我沒有，心裡就會開始嘀咕也想要追求，日子就會開始變得很難過。

想要的卻得不到，是一件很痛苦的事，看著別人一身名牌花枝招展、玉樹臨風，沒有富爸爸只有窮爸爸該怎麼辦才好？沒關係，臺灣的銀行幫你想出了好辦法，就是找喬治與瑪莉。喬治與瑪莉並不是一對眞洋人兄妹，而是一張信用卡，只要刷了喬治與瑪莉的信用卡，買東西就不用付錢，等下個月帳單來了再付。如果等到下個月帳單來了還是沒有錢交怎麼辦？沒關係，可以只付最低額度，剩下的用循環利息等到你有錢再付。

多美好的喬治與瑪莉啊！再也沒有要不到的痛苦了，一時之間臺灣各家銀行都有了喬治與瑪莉，很多人的錢包裡也有喬治與瑪莉，喬治與瑪莉是大家的好朋友！不過喬治與瑪莉沒告訴你還不完的錢要付好幾倍的利息，原來想等有錢再還就好，但下個月該還的錢加利息再加上新的消費還是無法還清，新本金加新消費再加上新利息不斷循環，漸漸的錢越欠越多就變成永遠還不起的卡債族。

天下沒有白吃的午餐，這道理人人都懂，喬治與瑪莉只好用盡各種方法逼卡債族還錢，有些卡債族因此受不了如此巨大的壓力而結束生命。當然並不是所有的卡債族都是因爲個人的消費欲望而造成如此的結果，有些人因爲家庭變故或種種不得已的原因只能用這種方式籌到錢，但也有一部分卻是因爲個人的消費欲望而導致如此的結果，尤其是年輕的消費族群，受到廣告的推波助瀾或是同儕的影響追求名牌，看到人家一身光鮮亮麗，不管自己適不適合，也一味跟風，最後卡刷爆了，不但信用破產，甚至使自己也陷入了困境難以脫身。

在資本主義的經濟帶動下，刺激消費是促進經濟的方法之一，因此到處都可以看到提醒消費者購買的廣告，捷運廣告、公車廣告、電視廣告、報紙廣告、雜誌廣告、網路廣告、ＤＭ……只要有人看得到拿得到的地方無處不在廣告。老子的時代只要人不把自己的好東西拿出來炫耀就好，所以他呼籲不要把東西拿出來晃來晃去免得飢寒起盜心，到了現代社會，當然還是能低調就低調，除此之外，要避免不被廣告擾亂，實在要很大的定力。

眼不見爲淨是一個方法，我自己常用的方法是購買前問自己到底是需要還是想要？沒有這件東西是否會造成生活上的不便利？或是有了這件東西後，生活是否會有所改善、幫助？符合這種情況便是眞正的需要。但如果有了這件東西或沒有這件東西對你的生活並不造成任何影響，那便只是想要，慢慢的你也就會更清楚自己眞正要的是什麼了。

卷七

智

識詞也。

知人者智，自知者明。（第三十三章）

瞭解別人是「智」，認識自己是「明」。

你聽過自己的聲音嗎？

我們每天都在說話，對自己的聲音再熟悉不過了，怎麼會不知道自己的聲音呢？如果你有機會聽到自己的聲音從音箱中流洩而出，一定會很訝異跟自己熟悉的聲音怎麼不太像。

這就是我們認識自己的狀態。

我們都以爲我們認識自己，跟自己很熟悉，天底下還有誰能比自己還瞭解自己的呢？但當你有機會從外面的角度看時，會發現你跟你想像中的自己不一樣。

我們很多人是活在想像中的自己裡面，一種希望自己感覺良好的狀態，所以如果相片裡的自己看起來比較醜，你會覺得那不是眞正的你，是照的人技術不好，但如果相片裡的人好看，你會對相片裡的你有高度的認同，你會用這張照片展示你自己，得到讚美得到認同。

大部分的人其實不想瞭解自己，甚至不想成爲自己。你羨慕別人的長直髮，討厭自己的自然捲；你羨慕別人的大眼睛，討厭自己的小眼睛；你羨慕別人的一八〇，討厭自己的一五〇；你羨慕別人的巨無霸，討厭自己的飛機場；你羨慕別人的工作職位，埋怨自己的薪水收入；你甚至羨慕別人的活潑大方，討厭自己的內向害羞；羨慕別人的瘦，討厭自己的胖。我們因爲做不成心中想像的自己而不快樂。

你欣賞別人的美，卻忘了自己的美。這世界有七十一億的人口，你或許可以找到跟你相似的人，但你卻完全找不到一個跟你一模一樣的，你那麼獨特唯一，你卻完全不知，而你只是努力的想成爲別人、羨慕別人、模仿別人。

我們大部分的不快樂來自於不瞭解自己，也不瞭解別人。一早起來，你因爲頭髮不平不快樂，你因爲找不到衣服穿不快樂，你因爲紅燈太多不快樂，你因爲要上班不快樂，你因爲不知道自己要什麼不快樂，但是你不知道你其實是因爲不瞭解自己而不快樂。

你不但因爲不瞭解自己而不快樂，你也會因爲不瞭解別人而不快樂，別人的一句話讓你不快樂，被主管盯不快樂，被客戶耍不快樂，被同事搶功勞不快樂，被老闆減薪不快樂，你因爲別人不快樂，但其實你不知道其實你是因爲不瞭解別人而不快樂。

如果你瞭解自己，你會知道自己的獨特，你會知道生命的獨特，因而你也能知道別人的獨特，你會接受你自己所有的獨特，你也會尊重別人的獨特。如果你瞭解自己，你會知道自己要什麼，不要什麼，你會做你自己，你不會憂慮，你會快樂！

知不知，尚矣。不知知，病。（第七十一章）

知道自己不知道，那可以；不知道自己不知道，那有問題。

應該所有人都有這種共通經驗，不論是演講或上課只要結束前講者最後詢問：「有沒有問題？」臺下大部分都是一片肅靜，有的演講者早就知道會有這種狀況，所以已經準備好如何應付這種狀況，有的主辦單位很貼心會在聽眾裡安排好問問題的人，讓演講者不會因爲被晾在臺上而尷尬，但如果演講者臨場反應不及，主辦單位又沒先安排好，就會出現臺上臺下都空白的冷場，這時只能靠主持人應變解套了。

問問題很難嗎？孔子有一天參觀魯國太廟的祭祀典禮，問了許多問題。出來之後有人就私底下竊竊私語的說：「不是說這個人很懂禮嗎？那怎麼會一進太廟看到什麼都問！」但那人不知是故意還是不小心說太大聲了，被孔子聽到了，孔子只是笑笑回答：「這就是禮啊！」

我有一位朋友說他有一次去財神廟祭拜，求財時有準備金紙與供人詢問的筊杯。因爲要詢問財神是否可借發財金，他不是很懂程序，廟方的人跟他說就是拜一拜後丟出去就可以了。結果，他眞的拜一拜後丟出去，但是他丟的不是筊杯，而是紮成方形的兩豎金紙。廟方人員頓時臉色大變，他才知道原來是要丟筊杯不是丟金紙！雖然廟方人員當時也沒多說什麼，但後來同行的友人告訴他丟金紙似乎是很不禮貌的行爲。雖然不知者無罪，他也很懊惱自己怎麼會這麼離譜，奇妙的是他後來再怎麼擲筊都沒得到財神的允許借到發財金。

孔子知道自己不知道，所以每事問，才不會因爲不知道而失禮，這才是眞正懂禮的人。有照顧小孩經驗的人會發現，小孩開始學會說話後會有一段「爲什麼」時期，什麼事都要問爲什麼？問完爲什麼還是爲什麼，一直要問到父母受不了爲止。小孩很清楚知道他不知道，不知道就要問，這是很直接的邏輯，所以小孩總是在問爲什麼。大人很少問爲什麼，原因很複雜，有可能是都懂沒問題，有可能是不懂裝懂，有可能是怕自己的問題太笨不好意思問，也有可能是根本不知道哪裡不知道。

讀書的時候，可以用考試測驗哪裡不知道，進入社會職場後，就必須自己判斷。如果知道自己不知道，就會自己提防怕哪裡越過界線，行事上便會小心謹慎或是事先做好準備，但是如果不知道自己不知道，那便是連界線在哪裡都沒有防範，常常發現自己原來不知道時都是已經出問題的時候了。

但是不知道的人要怎麼才知道自己不知道呢？我想那應該是從學問問題開始吧，聖人孔子都還需要每事問了，何況是我們呢？如果還是不知道怎麼問問題，那便跟小孩一樣，從爲什麼開始吧。

大巧若拙。（第四十五章）

最機巧聰伶的卻顯得很笨拙。

如果今天收到一份履歷表，此人中學時常違反校規，爲了逃避兵役放棄自己的國籍，考大學又曾經落榜，大學時常翹課成績都低空飛過，是一位學業上表現得很普通的學生，你會錄取他嗎？你對他先入爲主的印象會是什麼？

以現代眼光來看，應該是沒有什麼責任感不會讀書又愛玩的草莓族吧！這樣的人來公司，肯定是三不五時就請假或人間蒸發，事情交代也做不好，還要人家擦屁股的問題人物，到時肯定請神容易送神難。

這世界常常跟我們想的不一樣，這個人既不是草莓族，也不是不愛讀書不負責任的問題人物，他是發現相對論的天才物理學家愛因斯坦。

在古代的印度有一所世界知名的佛教大學——那爛陀，極盛時期有上萬的學僧在此研讀，中國的玄奘大師當初也是千里迢迢來到這裡留學，再千里迢迢把經書背回去，可見得當初這裡的學生都是一時之選，學風之盛可見一般。

在如此優秀的學生中，有一位學生卻每天翹課，除了吃飯跟解手之外，其他時間都在睡覺。大家看到他這麼混都想整他，讓他可以知難而退自動退學，免得影響其他人，大家商量後決定舉辦背經大會，每位學僧都要背出所習經典，大家想他每天都在睡覺，肯定到時什麼都背不出來，這樣就可以名正言順的趕走他。

背經大會這天到來，幾位學生想讓他出醜，輪到他要上臺默經時，就把講座墊得很高還抽掉上臺的階梯，大家便等著看好戲。但一眨眼間，這位學生就已經安坐在講臺上，眾人還不知道究竟發生什麼事時，這位學生便開口問大家是要背誦大家聽過的經典還是大家還沒聽過的經典。

大家想聽過的或許耳熟能詳，要背出來應該沒問題，所以就紛紛回答要他背誦沒有聽過的經典。正當大家等著看好戲時，他卻開始朗朗背誦了起來，一字一句毫不間斷，而且隨著念誦的聲音，大家看到他的身體逐漸騰空而起，漸漸越飛越高，但是那背誦的聲音卻依然清清楚楚，直到最後一偈「實無實法，皆不住心前，彼時無他相，無緣最寂滅」誦完時，他的身體已經消失在天空。他所說的這部經典《入菩薩行論》其實是他自撰，經過阿底峽尊者的介紹後廣為藏傳佛教各大教派引用流傳，影響深遠，而這位學生其實是八十四大成就者之一——寂天論師。

藏地流傳著，千萬不要輕易小看你身邊的人，即使他是個瘋子也有可能是菩薩的化身。眞正的智者絕對不會打著旗號宣稱自己的，這便是大巧若拙的道理。

絕學無憂（第二十章）

放棄智巧就沒有憂慮。

《舊約聖經》裡提到神創造了人類亞當與夏娃，並且安置他們在伊甸園。在伊甸園裡他們可以吃任何的果子，但神告誡他們唯獨園中有一棵善惡知識樹上的果子不能吃，吃了那天便是死的日子。

亞當與夏娃在伊甸園的日子無憂無慮，即便兩人赤身裸體，彼此也沒有任何的羞愧與欲望。有一天，聰明的蛇看到落單的夏娃，便趨前跟她搭訕：「神眞的說伊甸園裡的果子你們不能吃嗎？」夏娃這時腦袋還很清楚，便回答蛇說：「神不是說這樣，神是說伊甸園裡的果子都可以吃，但只有一棵樹長的果子不能吃也不能去摸，否則會死。」這時蛇便慫恿夏娃：「我看不見得，吃了也不一定死。神是怕你們吃了那棵樹的果子便會像他一樣打開眼睛，知道善惡了。」蛇說完便溜走了，留下夏娃獨自一人。

這時夏娃看著那棵樹上的果子，越看越誘人，越看越可愛，終於她伸手摘下了一棵果子，咬了一口，那甜美的滋味實在太誘人了，她接著吃了一口又一口。她想：神說吃了果子會死，但我還好好的，一定就像蛇說的一樣，神是怕我們吃了就變得跟他一樣。於是，她又摘下一顆果子準備拿去給亞當吃。

亞當想既然夏娃吃了沒像神說的一樣會死，他也就吃了。亞當吃完果子，看看夏娃，夏娃變得不一樣了，夏娃也發現吃了果子的亞當也不一樣了，他們發現自己是赤裸的忽然害羞了起來，趕忙找了無花果樹的葉子編作裙子。

園子裡傳來神的腳步聲，亞當夏娃害怕得躲了起來。神知道他們偷吃了果子非常生氣，因此蛇、女人、男人都受到了神的詛咒。神說：「蛇你必定要用肚子行走，只能吃土，終生都與女人爲敵；女人我也要增加你生產的辛苦，讓你終生戀慕丈夫，被丈夫所管；亞當你既然背棄了神，聽了妻子的話，我要你終生勞苦直到歸於塵土。」

神知道亞當、夏娃現在已經跟他一樣知道善惡，如果再繼續留在伊甸園，必定又會去摘生命樹的果子，那時他們便能永生，於是便把他們趕出伊甸園。

人知道善惡、知道智巧，便失去了永生的資格，因爲善惡智巧讓人有分別，有分別便有了喜好，有執取，有憂慮，有狡詐，有爭奪，有生死。很多人以爲老子是愚民政策，其實老子只是讓我們知道，人只有回到最初的狀態，沒有分別才會快樂，才會無憂，就像神告誡亞當的一樣，不要去吃那善惡之果，善惡之果其實是撒旦的誘惑啊。

不出戶，知天下。（第四十七章）

不用出門就能知道天下的道理。

如果老子活在這個時代，肯定是個大宅男吧！老子這個宅男跟現代宅男差很大，這個老宅男不上網，不看動漫，不打電動，但是竟然還能知天下，應該被封爲「宅男老神」才對。兩千年前的言論，竟然能如此貼合現代宅家族的心聲——「不出戶，知天下」，莫非老子搞穿越嗎？

現代人能上網，什麼事不懂查Google往往就可以找到答案，天下的大事新聞也只要上網就能知道，旅行前也早就透過網路做足了功課知道當地的情況，常常去到那裡好像只是爲了印證跟網路上的照片一樣，那麼老子的時代，不用說有網路了，連報紙都沒有，如何得知天下事，眞是神之又神了。

的確，那也便只有神才能有此境界了吧。你看佛教的創始者釋迦牟尼，在一次出巡中遇到老人、病人、死人跟修行人之後，對生老病死便有了不同體悟，從此爲求得解脫痛苦之道而拋棄富貴榮華的生活。他苦修六年，忍受飢寒，發現光是苦行並無法解脫痛苦，於是他來到菩提樹下，發願不找到解脫之道永不起身，一直到了第七天，月明星稀，他終於悟道而成爲一位覺者——佛。

佛其實是覺悟的智者之意，釋迦牟尼成爲一位覺悟的智者後開始說法，四十五年的時間，留下了後人即使一輩子閉門苦讀也不見得讀得完的佛教經典，如此源源不斷的智慧要從何而來？難道釋迦牟尼也有穿越或Google大神嗎？

老子沒有網路，釋迦牟尼更沒有iPhone，但是他們何以能如此智慧，如此貫通天下的道理？不出門知天下的要訣便是要從自身開始，忘掉智巧，忘掉人爲，從瞭解自己開始，從最基本的生活開始。

有一個青年來向有名的趙州禪師求法，他想既然是這麼有名的禪師，一定有什麼特別的方法。但是趙州禪師看到他先是問他用過早飯沒？如果用完了就去洗碗。那青年很納悶，但禪師指示也只好照做。等他洗好碗回來，禪師又讓他去掃地，青年終於憋不住說我是來求法的，怎麼竟讓我做些生活瑣事。

那趙州禪師回道：「吃飯、洗碗、掃地，不是禪法還是什麼呢？」

老子並不是讓你眞不要出門，他其實說的也是這個道理，眞正的智慧應該是從自己開始，從生活出發。

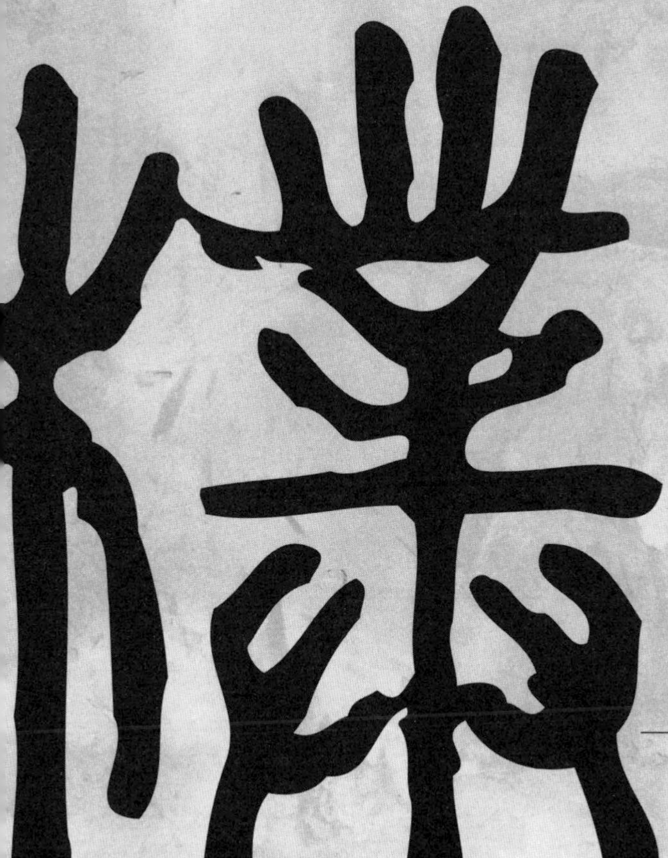

卷八

樸

木素也。

天下皆知美之為美，斯惡矣。（第二章）

大家都知道何爲美，那就有醜了。

世界上有一種共同但是很奇怪的比賽，就是選美比賽。參賽的資格通常有年齡、身高、未婚限制，比賽的項目不外乎穿著比基尼與禮服走臺步展示、才藝表演、機智問答。選美比賽優渥的獎金與得獎後飛上枝頭變鳳凰的誘因，往往吸引很多佳麗參加，但是也因此衍生出很多問題與爭議。

美的標準是什麼？如果從比賽的標準來看，老的沒有資格美，矮的沒有資格美，已婚沒有資格美，胖的沒有資格美，沒有才藝的跟臨場反應不好的沒有資格美。所以美的標準至少是要年輕的、高的、未婚的、瘦的、有才藝的、臨場反應好的。即便如此，每次的選美結果揭曉時總是引來很多非議，第一名的美總是有人不認同，但是選美比賽對美的評審卻漸漸的成為大家評斷美的標準。

年齡與身高沒辦法努力，所以能掌握的就是控制體重，不管如何已經變成胖不好看、瘦才好看的標準，很多人為了要瘦節食減肥，有的明明已經是個瘦子了，還覺得自己胖不敢吃東西，催吐、吃減肥藥等使用各式各樣的減肥方法，最後的結果往往搞壞身體，有的甚至還因此喪命。

這些年韓國影視節目在各國風行，韓劇女主角個個大眼、高鼻、小臉成為大家眼中美的標準，加上韓國整型技術精湛，不但韓國人自己瘋整型，外國人也接二連三的組團到韓國去整型。最近韓國的選美小姐比賽形成一種非常有趣的現象，參加選美的佳麗照片在網路上一曝光，除了髮型與衣服不同之外，幾乎每張臉看起來都一樣，被網友們戲稱是「複製人軍團」。

從古至今，女人美麗的標準就像孫悟空頭上的緊箍咒掌控在唐僧的手上，春秋時代楚靈王喜歡細腰，結果「楚王好細腰，宮中多餓死」；唐代唐明皇寵愛楊貴妃，一時唐代女人以肥為美；清朝女子纏足腳趾畸形，到了民國還必須頒布禁纏足令才得以扼殺此風俗。時至現代，換成女人自己束縛了緊箍咒，總覺得自己不夠美，整了又整，英國有一位女性從十七歲開始到三十四歲全身上下總共整了三百三十次，現在不但後悔，還換來了一輩子臉不太能動，不能用鼻子呼吸的後果。

越來越多的女性整容變毀容，付出慘痛的代價。美麗固然使人賞心悅目，但當大家都把同一種標準都當成美時，那還是美嗎？美應該是一種自然的獨特，一如這世界從不會有完全一模一樣的兩個人，即使是雙胞胎也會有各自不同的人生，那麼又何苦去追求同樣標準的美呢？

見素抱樸，少私寡欲。（第十九章）

保持單純與樸實，減少自私與欲望。

國王有一個理髮師，每次國王看到他都覺得他應該是世界上最快樂的人，從來沒看過他有什麼煩惱，每天都笑口常開。

國王很納悶，爲什麼他能常常這麼快樂？這世界上最快樂的人應該是我才對啊！我是這片土地最大的領導者，大家都要聽我的，我擁有全部，爲什麼他什麼都沒有還如此快樂呢？

國王終於忍不住問他的理髮師：「你爲什麼總是這麼快樂呢？是不是有什麼祕密讓你像一個什麼都不缺的人？」

那理髮師摸摸他的頭心想，祕密？我什麼祕密也沒有。便回答國王：「報告國王，我什麼祕密也沒有，我只是每天醒來，然後工作、吃飯、睡覺。如此我便覺得每天很快樂沒有煩惱。」

國王很訝異，他想怎麼一般人也都是吃飯、工作、睡覺，也不是每個人都能跟他一樣，他一定還有祕密不願讓我知道。於是，國王便去詢問他的大臣，這位大臣是一位很有學問的人，他想了想，告訴國王說：「不如我們給他一袋金幣，或許就能知道理髮師的祕密。」

於是，國王就派了一個人在理髮師睡覺時把金幣的袋子丟到他家裡。

隔天一早起來，理髮師看到家裡有一袋金幣，十分開心，他把金幣倒出來數，一、二、三……九十九，總共有九十九個金幣，差一個就是一百個，他想是不是數錯了，再數了一遍又一遍，以致於他那一天上班遲到了。

他上班時，國王看他似乎沒有原來開心，若有所思的樣子。但國王也沒問他爲什麼，理髮師一整天，都在想著那袋金幣，爲什麼是九十九個，再有一個就湊足一百個，那就完美了。但是要怎麼才能有一個金幣，那相當於他一個月的收入，他沒有獲得其他收入的方法，只能減少花費了，所以他決定斷食，一天吃一天不吃可以省下一點錢，這樣就可以慢慢存到夠買一個金幣了。

現在，他常常眉頭深鎖，爲了那一個金幣，他斷食，因此也常餓得沒力氣。國王看他一天天的衰弱，已經失去了先前的快樂，他詢問理髮師到底怎麼了？那袋金幣現在是理髮師的祕密了，他不願透露，變得很憂鬱。

國王詢問他的大臣，爲什麼一袋金幣會讓一位原本快樂的理髮師變成如此不快樂？他的大臣告訴國王，這就是九十九的惡性循環。那袋金幣只有九十九個，人們會想再差一個就會變成一百，他會開始努力追求一百，但你以爲到了一百就會滿足了，卻一點也不，等你有了一百便會再想要繼續增加，如此循環下去，再也停不下來，於是你便失去了快樂。

這是奧修在《老子道德經》一書中提到的九十九的惡性循環，人對於欲望的追求就是九十九的惡性循環，一旦啓動了九十九這個機制，想停下來就很困難了。快樂的祕密其實很簡單，就是珍惜自己所擁有的，不要爲了去追求你所沒有的而失去了全部。

雖有榮觀，燕處超然。（第二十六章）

雖然有浮華的生活卻能安然處之。

你有想過如果有一天你中樂透頭獎時，你會怎麼生活嗎？

很多人一定同意如果中獎了最希望的是不要工作，去買自己想買的東西，做自己想做的事。根據美國的追蹤統計，大部分得獎者會在五到七年內就把獎金花完甚至破產，突然成為富翁並沒有因此帶來想像中的快樂，反而是他們人生中最壞的時光。

英國最年輕的樂透得獎者是一位十六歲的女孩，她一得獎就辭掉工作，然後吸毒、整型，天天過著聚會開趴的日子，十年的時間，她花光了獎金，但她說十年前的中獎就像詛咒一樣，讓她的生活變成一團糟，現在沒錢的日子反而讓她重新獲得平靜與幸福。

根據富比士雜誌公布的二〇一三年富豪排行榜，第一名是墨西哥電訊大亨史林，他已經連續四年蟬聯寶座，第二名是微軟創始人比爾蓋茲，第三名是西班牙時尚品牌Zara的創始人奧蒂嘉，第四名是美國的投資大師巴菲特。前十名的富豪中七十歲以上的有七位，而且都還在工作中。

依照一般人的想法，有錢就不工作的邏輯在富豪排行榜裡面卻行不通，爲什麼已經是世界富豪了還要工作？有錢的話不是應該如我們所想的不用工作只要天天度假嗎？而且都年紀這麼大了不是該退休享清福還工作嗎？

美國的投資大師巴菲特，已經八十三歲了，他雖然長年高居富豪排行榜，生活卻非常簡單樸實。對他而言，工作就像去教堂畫壁畫一樣的神聖，也是可以讓他過想要的生活的一種方式。他現在還住在五十年前用三萬多美元買的房子裡，他的女兒說他有幾套西裝已經穿了三十幾年，他們連看都看膩了，所以幫他買了衣服，父親巴菲特卻很認眞的希望她去退掉，因爲他已經有這樣的衣服了，他會把衣服穿到破才換新的。他用折價券，連地上看到一毛錢他都會撿起來，有一次他要女兒趕快把借她的書還給他，因爲書是從圖書館借來的，逾期會被罰錢。

有一次比爾蓋茲去拜訪巴菲特，他設想巴菲特的房子應該會有多豪華，結果他家廚房的椅子連坐墊都沒有。他是億萬富翁卻仍然珍惜每一分錢，過普通的日子，他說：「物質生活原本就不是我所追求的。因此，在我和妻子離開人世時，我會將這些支票全部捐獻出來，作爲慈善之用。」

二〇〇四年他的妻子過世，把大部分的遺產移轉跟巴菲特基金會，二〇〇六年開始，巴菲特也陸續將他的財產捐贈給比爾蓋茲的基金會，是美國有史以來金額最高的慈善捐款，在某次的訪談中他一直覺得自己很幸運，有些人即便聰明有智慧也沒辦法有如此的機會，他覺得應該要讓人們得到我們所得到的，要善用金錢，改善別人的生活。

甘其食，美其服，安其居，樂其俗。（第八十章）

食之有味，衣能蔽體，居處安適，歡樂從俗。

很多名人在成名後往往最懷念的是當初為了夢想努力時最貧窮的時光。有時候我們以為我們需要的很多，但是當你擁有時常常會發現只有擁有那一刻帶給你微妙的滿足，那種滿足並無法持續讓你快樂，於是你又開始製造需要，發展新需求，接著你便又落入另一場追求的循環中，如此反覆。最終，你會發現，最快樂的時光往往是最缺乏的時候，那時的你安於缺乏，為希望而努力，有一點點便能很滿足很快樂，那樣的快樂可以持續很久。

周杰倫的音樂成就在華人圈已是有目共睹，但他在還沒成名前，和方文山窩在公司的小套房寫歌，那時候能讓他快樂的事情很簡單，就是寫的歌被錄用了。他說那時和方文山騎著摩拖車親自送試聽帶，然後回到公司等電話，只要歌曲被錄用了就很開心，和方文山穿著拖鞋短褲就去夜市大吃一頓、撈金魚。現在回頭看那段時間，外人好像也都覺得很辛苦，但他卻覺得那時很踏實，充滿了希望。

孔子常常稱讚學生顏回，說他很賢德：「賢哉，回也！一簞食，一瓢飲，在陋巷，人不堪其憂，回也不改其樂。賢哉，回也！」顏回真是賢德啊！一竹簍飯，一瓢水，住在簡陋的巷子裡，人人煩憂，他卻怡然自得。顏回真是賢德啊！我們很難想像如此簡陋的生活，應該已經是貧民了，還有什麼快樂可言？

越簡單越有滋味，只是我們都忙於追求更多，忘了近在眼前的幸福。現代的生活雖然很方便，但卻讓人迷失。

在尼泊爾，電力是輪流供給的，約莫四小時有電，四小時沒電這樣的狀態，每天來電的時間不同，已經習慣在臺灣隨時有電的情況，剛開始很難適應，想要煮東西、用電腦的時候往往沒電，睡覺時間或清晨最不需要用電的時間才來電。後來我開始適應這樣的方式，有電的時候就集中精神做需要用電的工作，這樣也讓工作變得很有效率，沒電時就什麼都放下出去走走或是看書，慢慢的我越來越喜歡沒電的時候，這樣再也不會瞎逛網路，漫無目的的讓自己晾在電腦前，空下了很多時間專心的與自己在一起，還可以完全放下手邊的一切自在的休息。

我更喜歡晚上的時間停電，這時只有停電時的備用電燈可用，唯一能做的是便是看書，累了就熄燈睡覺。我們總以爲現代生活離不開什麼，反而因此被綁住，但其實離開了才會發現，其實沒那麼困難，生活原來可以很簡單，簡單就是快樂。

不欲琭琭如玉，珞珞如石。（第三十九章）

不要像玉一樣璀璨，要像石頭一樣樸拙。

鹿橋的《人子》一書裡有一篇〈幽谷〉，以前讀並不特別有滋味，但現在再讀卻覺出另一番味道。故事是這樣的：

有一個旅人來到了無人的幽谷，暮春時節，地暖風和，那旅人在一片平坦的草地上和衣躺下，準備在這幽谷中過夜。天光漸暗，幽谷一點一點失去顏色，終於被一團的黑圍住了山谷。這時，一顆一顆的星星閃爍著笑意讓旅人漸漸的進入夢鄉。

到了午夜，旅人聽見細細碎碎的聲音而醒來，那聲音充滿了喜悅，以致於他連眼睛都不敢睜開以免驚擾到那聲音，但其實這些小聲音正忙碌而興奮的討論著，根本沒有理會他。

那旅人聽了一陣，方才知道原來這小聲音是小草們正興奮地討論著自己會開什麼顏色的花，這些小草必須在天亮以前陽光還沒照到時準備好，這是一生一次開花的機會。已經開過花的快樂回憶著開花的心情，甚至替那些還未開花的緊張，而那些輪到明天要開花的更是充滿興奮的期待。遠處，忽然傳來一股寧靜的波動，原來是小花使前來傳達小草們應該開花的顏色。每株小草聽到自己的顏色都歡歡喜喜卻又戰戰兢兢，其中有一株小草成為一年裡唯一可以選擇自己開花顏色的幸運兒，所有的小草都恭喜它，道賀聲一時響徹了山谷。

大家不斷詢問它要開什麼顏色的花，也提供它很多意見。那小草幸運兒既榮幸卻又惶恐，不能辜負大家的期待，它一定要開出最美麗的顏色，要成為幽谷裡最美的花。它把其他小草分派到的顏色想了一遍，都覺得很難再想出比這些顏色好的了，但是如果沒有想出一個很出色的顏色，那會對不起花使的心意，也對不起自己擁有了這個唯一的機會。

幽谷漸漸的安靜了，太陽就要出來了，其他的小草都已經準備好這讓人屏息的一刻，唯獨這株幸運草還找不到最出色的顏色，它每決定好一個顏色，就覺得自己還沒有盡力，最後只把自己喜歡的幾種顏色挑選出來，它想等到陽光出來那一刻或許便能有答案。

山谷裡一吋一吋的亮了起來，那陽光每照到一處，花朵便隨之綻放，鳥語花香，旅人漸漸甦醒，像是作了一場美夢般的清新。突然，他像是想起了什麼，翻身坐起，在這一片花草中尋覓。然後，他在這百花盛放的山谷中，看到了一株含苞卻已枯萎的小草。

人都想要當那個最特殊的，其實，天生萬物都是獨一無二的，把時間浪費在打造成別人的樣子，不如努力的綻放自己吧，否則你會連自己都錯過了。

卷九

靜

審也。

知者不言，言者不知。（第五十六章）

智者不多言，愚者絮絮叨叨。

愛因斯坦說：「假如A代表成功的人生，那A等於X加Y加Z。X是工作，Y是玩樂，Z是閉上你的嘴巴。」

據聞老子原本是安安靜靜、揮揮衣袖不帶走一片雲彩的騎著老牛要出關去，在關令尹喜好說歹說下，才留下了這五千多言的《道德經》，在諸子百家裡可算是眞正的省話一哥，但儘管話不多，但五千多言所傳達的「道」、「無爲」、「守柔」、「反璞歸眞」的思想卻歷千年而不衰。

智者不多言，並不是眞的都不說，而是他們知道多說無益。聽懂的一切盡在不言中便能心領神會，聽不懂的說再多也只會變成耳邊風，左耳進右耳出。

最著名的無言的智慧莫過於禪宗的公案「拈花微笑」，在《大梵天王問佛決疑經》裡記載了這一則故事。

那一天，靈鷲山上擠滿了人，光是有受過戒律的大比丘就有八萬多人。雖然人山人海卻不喧鬧，畢竟都是修行人，不說口舌是非，大眾只是安靜的等候著佛陀前來。

這時，風輕輕吹動，山上一片空寂，佛陀出現了，大家讓出了道路。佛陀來到座位上緩緩的坐了下來，沉靜了一會兒才開口，但他一開口就把大眾都嚇得無言。

佛陀說：「我再不久就要離開人世了，你們還有什麼疑惑的，現在儘管問。」

此時，靈鷲山上雖然數十萬人，卻一片安靜無聲，連風都靜悄悄。

良久，有一個人緩緩的站了起來，原來是大梵天王，他手上拿著一朵千葉金色的大婆羅花來到佛陀面前，將此花獻給佛陀後便慢慢的退回原處。

回到原處的大梵天王這時才開口請教佛陀：「佛陀您成道五十多年來，種種的教法都是爲了度化大眾，如果還有什麼沒有說過的大法，請您爲了我們這些凡夫眾生演說吧。」說完，他便坐下了。

佛陀聽完大梵天王所說的，他只是手上拿著這朵大婆羅花，靜靜的看著，卻什麼也沒說。與會大眾大家都很納悶，平常佛陀幾乎都是無須思考便演說各法，今日卻爲何遲遲未開口，眞眞是讓大家看得丈二金剛摸不著頭腦，現場八萬多人也跟著一片靜默無言。

這時候底下有一位長老名叫摩訶迦葉，看到佛陀只是拿著花卻不語，突然一切了然於心的破顏微笑。佛陀見迦葉微笑，便開口了，他說：「我有一個微妙的法門，不需要寫成文字，也不需要透過經典流傳，凡夫學得此法門也能成爲，此法稱爲『正法眼藏』。」傳說中，禪宗便是從此時開始流傳的。

那一拈花，那一微笑，便是當下了然的清明智慧，一如有時我們不必透過言語便能知道對方想要傳達的，或是一個眼神當下便已互相瞭解，何須多言呢！

靜為躁君。（第二十六章）

動是由靜來引導的。

現代人步調快，常常處於焦慮不安的狀態，加上壓力大，便衍生出了現代精神文明病，日以繼夜，夜以繼日，越來越不能控制自己，於是你變得暴躁、易怒，工作不順，家庭不順，身體不順，連看到路人也不順。

越急越忙的時候越要靜，但事情越多的時候，往往心也越急，越急事情就越不順，越不順就越容易抱怨、生氣、罵人，最後雖然工作完成了，但人也得罪光了，甚至還會波及無辜的家人。

有一次我在一個臨時組合成的小吃店擔任櫃檯，因爲是臨時性的組合，大家都是義務幫忙，沒有經驗也沒默契。一開始，客人少的時候，還應付得過來，後來客人漸漸多了，大家便手忙腳亂。一下子客人點單擠滿了櫃檯，加上有說英文的、說藏文的、說中文的，光要清楚點什麼餐得先耗一陣子，廚師一下子找這個找那個不知道菜在哪裡，服務生送錯餐或者根本搞不清楚要送到哪裡，還有不耐久候的客人頻頻催餐，客人又來加點的或者要特別客製化的，一旁廚師作完菜了再來催促要繼續作什麼菜，簡直亂得不可開交。

原來想櫃檯的工作就是接受點餐、收帳，然後告訴廚房要作什麼菜這樣簡單的工作，實際上如果按步驟來的確可以有條不紊，但是如果同時發生時，光是在耳邊響起的聲音，就亂得無法判斷該先聽哪一個。後來，我漸漸抓到一個訣竅，就是要穩如泰山。別人急，你不能跟著急；客人催，你不能跟著催。大家動，你便要靜，讓速度慢下來，讓急的情緒緩和下來，讓別人的節奏跟隨你，而不要被別人的節奏拉著走。靜下來的時候，思緒清晰了，很多事一起發生的時候，也能快速清楚的排好順序，不會亂了節奏，偶爾有一些波動，也能快速的反應，知道如何處理，自然大家也能跟上你的速度，不會再一團亂。

靜是一門很深的功夫，但大部分的人會跟著本能走。人類的腦袋因爲生存必須，迫不及待的遇到事情就先反應，啓動情緒的保護機制，所以遇到事情馬上就有反應，但是不代表身體的這個反應是正確的。攸關生死時，身體當然需要立即反應，但很多事並非與生死相關，立即反應反而很容易壞事。鷸蚌相爭，爲什麼漁人得利？就是因爲漁人知道要安靜的守候、等待。諸葛亮爲何能用「空城計」成功騙倒聰明的司馬懿，除了深知對手的猜忌多疑外，這以靜制動的謀略也非人人會用。我相信諸葛亮當初在城樓上焚香彈琴，心下必也是一派清明的安靜，但司馬懿也非省油的燈，得親自在城外聽到那琴聲悠悠，才確定不敢造次。如果諸葛亮當初心急撫琴，如何能讓司馬懿聽不出破綻呢？

越是動而不安時越要懂得安靜，越是急切時越要學會如何慢下來。

夫物芸芸，各復歸其根。歸根曰靜。（第十六章）

萬事萬物都會回到根源，回到根源的狀態稱爲靜。

在初爲編輯時，印象很深刻的一次訪談是在一位漫畫家的家中。深刻的其實不是訪談的內容如何妙語如珠，而是那一天訪談時，在漫畫家書房桌上的那一束白色百合花。

那是一個夏日午後，和同事午餐後，我們依約定時間前往。進門後招呼的是他的家人，讓我們在書房稍候。漫畫家的書房清雅、簡單，中間便是一木質長桌，長桌上透明的玻璃瓶裡插著那束百合。

午後的陽光照進書房，漫畫家進來了，我們開始一陣寒暄就坐。印象中訪談時漫畫家不時撥弄著長髮，說話不急不徐但卻也有著屬於自己個性的直接。大家邊聊邊談時，百合的清香輕淡而悠悠沁心，接著便瞬間掉落一片花瓣，那片花瓣掉落得如此輕而優雅，安靜無聲，卻帶著一種絕然告別的姿勢無言的悸動。有那麼一瞬間，我感覺到空氣裡的靜默無言，此後，我見到百合時，總不時會想起那日的凋落，深靜而美。

所有的事物都會回到根源，化作春泥更護花，這便是生命生生不息的奧祕。每天我們在陽光中甦醒，一天勞作，在入夜後睡眠，睡眠便是一種回到根源的狀態，你不知道自己在哪裡，你沉睡在一種無的狀態，或者斷斷續續的作夢，在夢與夢之間你忘了自己在哪裡，沒有出生也沒有死亡，似乎是停滯卻又永恆、黑暗卻又無限、靜謐卻不死寂。直到第二天甦醒，意識慢慢恢復，一夜的睡眠讓你恢復活力，得以繼續一天的勞動。所以，人很需要睡眠，睡眠是讓身體回到根源的狀態，充電休息，現代人常失眠睡不好，很快的精神跟身體都會出問題。

身體需要回到睡眠，這人人都做得到，因爲不睡精神不好，身體也會有狀況，所以一定會睡，但是大部分人都忙碌的忘了心也要回到根源。你有多久沒有自己一個人安安靜靜的只跟自己在一起？很多人應該無法安靜的只跟自己在一起，即便有這樣的空檔，也會覺得很無聊，總是要做點什麼，上網、看電視、滑手機、玩遊戲，就是不能讓自己空下來。

心靈的歸根就是一種回到安靜的狀態，每天我們接受了那麼多外來的刺激，不停的接收，但是卻完全沒有把時間留給自己，沒有安靜的與自己在一起，你的心就沒有休息，沒有空出你的心，只是不斷的堆積，焦慮不安，一點也不快樂。十七世紀的數學家帕斯卡說：「所有不快樂都源自一個事實，那就是無法安靜地待在自己的房間裡。」當你安靜的回到你自己，與自己在一起時，你會發現內在的充實與快樂其實是源源不斷的，你再也不需要用什麼來填補無聊，填補內心的空洞，你會漸漸的發現生命的一切美好，找到自己的快樂。

心善淵。（第八章）

心沉靜如深潭。

是不是很久沒有安靜的感受，每天匆忙的起床、趕上班打卡，忙碌的必須一邊吃早餐一邊收發email，晃一晃上午過去了，和同事出去吃午餐，好不容易等到位子，午休時間便快結束，只得急得囫圇吞棗，塞滿胃的食物都還來不及消化，便昏昏沉沉的繼續下午的工作、開會。一天結束，在塞滿人的公車與捷運上，像打一場仗般的好不容易回到家了，胡亂的吃著晚餐配著電視、繼續漫無目的的上網或是玩遊戲，直到夜深才睡去。如此日復一日，你不知道何時能停下來，抱怨著想休息，但假日的時候，你又忙著上網、滑手機或是趕著去朝聖著名的餐廳或景點打卡，你沒有空閒的被擠在人群中排隊，滑滑滑，假日就這麼滑過去了。

有時候，生活並不是眞正的忙碌，而是心太忙了，好像一停下來沒做點什麼就無聊、焦慮，你甚至不太喜歡這樣的生活，但好像也只能盲目的跟著走，心裡總是不踏實，不知道自己到底要什麼。

曾經有朋友跟我極力推薦一個靜心中心的課程，靜心也就是我們說的打坐或冥想，七天的課程不能說話，只能吃蔬果不吃肉，課程中會引導如何靜心。他說起初有點難受，一直靜不下來覺得很無聊，到第三、四天後，漸入佳境，有一點樂趣，第七天他體會了眞正心靜的感受，不可思議的平靜愉悅，不是任何外在物質的快樂可以取代，但課程也在這裡結束，他打算再找時間繼續靜心。

爲什麼是七天呢？我問。他說，因爲我們的心就像一杯混滿了雜質的水，必須有時間讓雜質慢慢沉澱，之後水才能恢復原來的透明。你需要給你的心一點時間，安靜下來尋找你自己。

老子所說的「心善淵」是修行心的高深境界，如果你的心能沉靜如深潭，便是一種淡定的智慧，波瀾不驚，雨來了也容納，雁去了也不留影，你接受一切，但是石落無聲。心如深潭，你才能豐富，才能映照一切。一窪淺池，只會讓你什麼也看不見，風來波動，擲池有聲，久久無法平息。人事的紛擾往往如是，輕易便吹縐一池春水，心善淵便如老僧入定，不為人所擾，自亦不擾，清得看得見自己，也看得見別人。

大音希聲。（第四十一章）

最壯闊的聲音是無聲之音。

震撼心靈的那一刻是無聲的。如果你回憶那些記憶永恆的片段，會發現通常是無聲的，因爲無聲成爲寂靜的永恆。

你的生命裡有什麼寂靜的片段嗎？

我記得學生時代有一次生日，學長說要帶我去一個地方，他載著我騎了好久的車，那時就快日落，卻往山上的方向走，秋天的風開始有了寒意，我側著身縮在他的身影後，越騎越荒涼，終於在日落前抵達一個小山坡。學長拉著我的手上了小山坡，這時的夕陽閃耀著濛濛的台中盆地，開闊荒涼的山上染得金光燦燦，學長從口袋裡拿出一小顆紅珊瑚項鍊，在夕陽的餘暉下爲我戴上，我們的身影緋紅的映照在餘暉中，直到落日漸漸隱去。

這是美的寂靜。

還有一個片段是孤獨的寂靜。

那是一個在中秋節來攪局的颱風天，一整天狂風暴雨，從下午開始便停電，終於在夜半風雨方歇。一片黑暗中，電來了，我在安靜的夜裡，聽到鄰居小孩在後巷像放出籠的鴿子重獲自由般的喧譁奔跑著。

我躺在爸爸爲我們姊妹搭的大通鋪上，一旁的姊姊已經睡著了，媽媽與哥哥也都在各自的房間睡著，只有爸爸在樓下還沒睡。我翻來覆去，總覺得電來了，颱風過去了，中秋節可以繼續了，是一件很開心的事，於是便開心的下樓去找爸爸。

那時，家裡客廳有一個方型水族箱，樓下很安靜，只傳來水族箱裡馬達打氣的聲音。我躡手躡腳的走到客廳，有點害怕爸爸會罵我怎麼還不睡覺，但我看到在水族箱前的爸爸還是開心的跟他說電來了。現在想想這句好像多餘，但那時年紀還小就是一種很開心電來了的喜悅想要傳達，爸爸聽了我說的看了我一眼，卻沒有再多說什麼。

我知道他或許正是與媽媽冷戰期間，所以不是那麼開心。之後，他只是繼續吃著手中的營養餅乾，對著水族箱乾乾的一口接著一口，眼神中像是看著卻又不知看著什麼。

那一刻，我忽然覺得爸爸好孤獨，中秋夜卻只是一個人對著水族箱一口一口吃著，不知不覺我鼻子、心裡都好酸，小心的不讓眼淚掉下來，一直撐到回房間了才開始悠悠哭泣，姊姊半夢半醒間還問了我一句：你怎麼了，快睡啦！也不理我便轉過身繼續睡。

此後，我常常想起那一個中秋夜獨自對著魚缸啃著營養餅乾的父親，即便父母再怎麼吵架，我總是愛著父親，當一個乖女兒。

生命中總有某些時刻，相遇時雖驚濤駭浪，卻唯有靜默無言，大音希聲，成爲永恆。

卷十

無

亡也。

天下萬物生於有，有生於無。（第四十章）

天下萬物從有出生，有來自於無。

小時候我常會想生命到底怎麼開始的，它的開始到底是有意義的呢？還是沒有意義的？眞的只是大爆炸後產生的？還是眞有一個上帝創造出來的？

爲什麼這個問題對我來說很重要呢？因爲我一直在找生命的意義到底是什麼？常常會有一種不知道自己爲什麼會來這個世界上的感覺，很虛無，好像必須得確定知道生命的意義到底是什麼，才能感覺有明確的方向可以繼續往前走。

在找不到自己來到世界的生命意義前，我探索宇宙的起源，如果能知道宇宙的起源是什麼，也許便會知道生命的意義是什麼了。很失望的是，這樣的探索只讓我陷入一種更矇矓的狀態中。

宇宙的起源有各種說法，從科學的角度來說宇宙原來是極小極小的起始點，不斷的膨脹到難以想像的狀態時爆炸，宇宙便形成了。從神話的角度來看，希臘神話說天地還沒分開時，大地之神該亞從渾沌中誕生；印度神話說世界原來是一片大海，一粒種子飄到大海後變成一顆金蛋，突然有一天蛋裂開了，創造之神梵天從中而出；中國神話說天地一開始像雞蛋一樣，盤古在裡面經過了很久，天地便展開了。從宗教的角度，《古蘭經》說：「奉至仁慈的眞主之名，一切贊頌，全歸眞主，全世界的主。」《聖經》說：「起初，神創造天地。」佛經說：「一沙一界，一界之內、一塵一劫。一劫之內、所積塵數、盡充爲劫。」即爲一粒沙裡都是無窮無盡無量的世界。

大學時我上了一門課叫〈生命科學〉，有一次上課老師終於開始談生命的起源，我聚精會神滿懷希望的以爲一直以來擱在心裡的問題終於要有答案了，老師說：「生命的起源就是一片渾沌。」渾沌！我眞的渾沌了！我鼓起了勇氣，首度舉手追問：「如果是渾沌，那渾沌的意義又是什麼？」約莫是老師的回答當時的我還無法領會，所以我已經忘記老師的回答是什麼了。

只是這問題始終在我的生命裡，像雞生蛋抑或蛋生雞般不斷搖滾著。其實，老子早就很乾脆的回答了這個問題：「天下萬物生於有，有生於無。」一切都是從無開始，無不就是空了嗎？怎麼產生「有」呢？如果已經是一個充滿的有的話，如何再增加呢？無是一種空間，一種容納，因爲無才能產生空間放有，這便是老子提出無的最奧妙之處。

無，名天地之始。有，名萬物之母。（第一章）

「無」是天地的開始，「有」是萬物的根源。

清朝的順治皇帝有一首很有名的〈讚僧詩〉：「未曾生我誰是我？生我之時我是誰？來時歡喜去時悲，合眼朦朧又是誰？」這首詩是在表達人世間對於「我」的執著，其實是很虛幻的，還未出生前我是誰？出生時那個我又是誰？生命來的時候很歡喜，去的時候很悲傷，等到生命結束時那個我又在哪裡？如果你還是找不到答案，那答案就是老子所說的「無，名天地之始。有，名萬物之母。」

在父母還沒有把我們生下來時我是誰呢？我就是那個無，是天地的開始。父母還未結合之前，母親的子宮裡並不存在任何生命，它只是一個空間，而你就是那個「無」，無是一切的開始，如果母親的子宮裡一開始就有，那你該如何存在？沒有空間能容下你，只有「無」能容下「有」，就像杯子裡沒有水才能倒水進去，如果杯子裡早就充滿水，其他的水要如何進杯子去？老子說無是天地的開始，天地的開始一定是無，如果沒有無，就沒有其他空間再能容納其他。

那生我之時我是誰？父母結合後，生命在母親的子宮裡孕育成長，生命便從此展開，無就變成有，所以當一位女性懷孕後要向人宣布懷孕的消息，便是說：「我有了！」生我之時我就是有，是萬物的根源，生命因爲有而豐富，無只是開始，有才是一切的根源，當母親宣布「我有了」的那一刻開始，所有的存在便因爲這個有而開始產生變化，母親的肚子開始隆起，身體上的不適，孕吐、乳房脹痛、頻尿、嗜睡、水腫到陣痛時子宮的收縮、擠壓、痛楚……，這一連串的變化都源自於「有」，在「沒有」、「無」之前並沒有這樣的變化，但是「有」了之後，跟隨著有而來的便是不斷的衍生與變化，所以老子說「有，名萬物之母」有就是萬物的根源。

如果談論宇宙或世界的開始、有無好像距離太遙遠，很難想明白，俗話說「無中生有」大家卻不需要經過解釋就能明白那無中生有的道理，無中的確是能生出有的，因爲大家知道這是人爲的結果，既然人爲都能無中生有了，何況是來自於宇宙的開端這種更神祕的創造力量呢？只是在現代講科學與證據的時代，人們的習慣思考已經固化成一分證據說一分話，老子在沒有科學實驗的時代，僅僅是透過思維的觀察與領悟，便能直指宇宙的創造核心，老子的智慧即便到現在依賴證據與實驗才能有答案的科學方式也望塵莫及啊！

埏埴以為器，當其無，有器之用。（第十一章）

陶土可以作成器皿，是因爲中間的空才能用來裝塡成爲陶器。

老子說「無」很容易讓人聯想成什麼都沒有，就像零一樣，零在加減乘除中都起不了任何作用，爲什麼「有」會生於「無」，而「無」是萬物之始呢？

爲了怕大家落在「無」等於「沒有」或「零」的字面意義裡，這一章老子便舉了三個當時生活上實際的例子，讓大家更容易瞭解「無」到底是什麼。

老子首先說：「三十輻共一轂，當其無，有車之用。」古代的車輪是用木頭做的，車輪很大，輻是車輪中連接車轂和輪圈的直木，轂是車輪中心的圓木，也就是說由車輪的中心輻輳出三十根直木所構成的車輪，是因爲車輪中心的轂是空心的才能連接這三十根直木成爲車輪，產生車輪的功用。即便現代的車輪已變成橡膠與鋼圈，外圈仍然是靠著中間的空氣撐起橡膠使車輪得以運轉。

接著老子再舉了陶器的例子說：「埏埴以爲器，當其無，有器之用。」陶土可以作成器皿，是因爲中間的空才能用來裝塡成爲陶器。這個例子在現代俯拾即是，花瓶、水壺、杯子、茶壺等等所有的容器都是因爲中間的空而有了容器的作用。第三個例子則是：「鑿戶牖以爲室，當其無，有室之用。」鑿窗戶來蓋房子，是因爲窗戶裡的空間才能有房屋的作用。

從這三個例子，我們可以看到老子的「無」絕對不是一般所想的什麼都沒有，是一種可以有界限，也可以沒有界限的無限空間，是一種無限的空無。小至車輪，大至房子、天空再擴大至無限的太空宇宙，你可以在任何存在著「有」的地方看到「無」、看到「空」，你的身體裡有「無」、你的嘴巴裡有「無」、你的櫥櫃裡有「無」、你的洗髮精裡有「無」、你的車子裡有「無」、萬事萬物只要細心觀察，都會發現「無」的存在，也會發現「有」的存在，這也是老子所說的「有無相生」的道理。

「無」不會單獨存在，你在「無」裡面會看到「有」，無是爲了容納有而存在，胃的無是爲了容納食物、天空的無是爲了容納雲、土地的無是爲了容納海洋、太空宇宙的無是爲了容納星系。所以，老子說：「有之以爲利，無之以爲用。」「無」使萬物有所用，「有」使萬物有了利益的作用。

故常無，欲以觀其妙。常有，欲以觀其徼。（第一章）

從「無」中可以觀察其中的奧妙，從「有」中可以看到其中的無限。

「無」是不是很美妙呢？它充滿了無限的寬廣，也容納了無限的有，我們說「無處不在」，的確，「無」遍及一切、充滿了一切，卻又讓你從來感覺不到它的存在。

生命來自於無，最後又回到無的狀態，如果你細想，無是不是充滿了奧妙，「無」是一種完整的創造，無是一種宇宙中最初的狀態，一種沒有分別的完整，它有無限的包容，沒有好壞、美醜、是非的選擇，「無」充滿了各種變化的可能。

老子思想最精華的就是提出「無」這個概念，它不像「道」是不可捉摸的「道可道，非常道」，「無」很容易想像，因爲生活中到處充滿了「無」，它的奧妙之處就在於可以創造出無限的「有」。

此刻，讓我們想像正緩慢的離開地球表面飛行，你的視野漸漸的開闊，你開始感受到不同以往在地面的擁擠，原來離開地球表面後，還有如此大的空間，還有如此遼遠、無邊無際的無在那裡，往上看，在你的頭上片片白雲飄過，白雲之上的藍天，穿過大氣層便是連接著更遙遠的宇宙太空，而太空更是無限而難以想像的寬廣，它的無容納了九大行星，容納了太陽系，容納了銀河、彗星、殞石……。現在，讓我們再回到地球，低頭俯看整片陸地，你會看到山、河、海、陸地，陸地上有樹、草、花、各種建築物、車子、馬路、人、動物……，每一個種類如果再細數也是千變萬化、無窮無盡的有。

在無中孕育了有，在有中也涵藏了無，這便是老子所說的「有無相生」，不會只有絕對的無，也不會只有絕對的有。如果世界都是絕對的無，絕對的無裡面就不可能孕育出有，那這個無也就成爲一種死寂，是完全沒有任何意義，也不會有任何變化的；而如果世界都是絕對的有，那這個有也變成是一種絕對的存在，它應該再也沒有任何的空間容納無，不能容納無也就再也不可能有，所以有也會變成死寂，一種絕對再也無法改變的狀態。

無離不開有，有也離不開無，「無」是奧妙的創造者，「有」則生生不息的創造了無限。

無為故無敗，無執故無失。（第六十四章）

沒有作爲就沒有失敗，沒有執著就沒有失去。

老子爲什麼談「無」呢？他的用意並非要成爲後來魏晉玄學的清談，而是回到身爲人如何面對生命，要用什麼樣的態度來生活？

一般人總把老子說的「無」當成是人類的生存並沒有意義的虛無主義，魏晉時期知識分子由於身處亂世，儒家思想無發揮的空間轉而以老莊思想爲安身立命之道，一時形成「高人樂遺世，學者習虛玄」的清談之風，最有名的代表當推「竹林七賢」。他們擺脫禮教的束縛，在竹林中放縱飲酒，劉伶還曾經在酒醉後脫光衣服說天地是他的居所，房屋是他的衣褲。但這股清談風氣最終轉爲空談，玄學之風也就此隱遁，而老子的「無」也流於一種放誕的形式主義。

如果你真的瞭解「無」，你便會知道老子直指生命核心的唯一法則便是「無爲」。我必須再次強調，無爲並不是無所作爲什麼都不做，也不是消極的退縮，這是一般人對老子看法的誤解，因爲對照儒家的積極有爲，無爲就顯得很阿Q、很鄉愿。

其實無爲是讓自己在「無」的狀態中，把頭腦裡那些是是非非的盤算丟棄，把心裡那些五味雜陳的情緒清空，把別人套在你身上的要求或是你套在自己身上的價值判斷統統刪除，你只需要看著無帶來的創造與變化，看著你最原始樸拙的「無」的樣子，在那裡沒有任何分別、是非、好壞，只有無，只有道，一切都是完整的，沒有足與不足的問題，你只需要接受它，接受一切從無而起的有，接受一切從無而來的充滿與變化，你不會因爲這些有而產生做點什麼的念頭，也不會有自己應該努力或不努力的問題，你只是看著它的變化，看著它的起落，接受這一切，你唯一的有爲就是接受，然後順其自然，這就是無爲。

一旦眞的能無爲，你會發現人生從此會更加開闊、寬廣，再沒有什麼可以限制自己，因爲你知道一切的變化都來自於無，你不會被任何的觀念、想法、價值、甚至道德束縛，不會有失敗，更不會有所謂的失去。但這並不代表你可以從此任性而爲，任性而爲只是假借無爲之名，其實還是經過腦袋的有爲，眞正的無爲是「上善若水」、「以靜爲下」、「大巧若拙」、「見素抱樸」……，五千多言的《道德經》裡其實說的都是無爲的道理。

只要讓心回到根源處，回到無的所在，生命才能眞正的自由、自在。

卷十一

道

所行道也。

有物混成，先天地生。（第二十五章）

天地形成之前就有一個渾然一體的東西。

終於，要進入老子的「道」了。

老子的道並不像《聖經．創世紀》一開始說的是「神創造天地」，而是「有物混成，先天地生。」說神創造天地，很容易懂，就是有一位造物主——神創造了天地，明確的有一位像「神」那樣的大人物時，就很容易理解神的意志與喜好。但是說創造世界的是一個有渾然一體的「東西」時，那就難以理解了。

那個渾然一體的東西到底是什麼呢？老子說那就是——「道」。

「道」到底是什麼？《說文解字》說：「所行道也。」用來走的路就是道；《易經．繫辭傳》說：「一陰一陽之謂道。」有陰有陽就會達成一種平衡，道就是一種自然的平衡；《莊子》說：「道無所不在」；《管子》說：「道之大如天，其廣如地，其重如石，其輕如羽，民之所以知者寡。」道大的像天一樣，寬廣的像地一般，它重的如巨石、輕的如羽毛，但是人民知道的很少。

這麼看來，道似乎是千變萬化的，可以是道路、是陰陽、是如天如地如石如羽、是無所不在。而老子說：「道之爲物，惟恍惟惚。」道看起來是恍恍惚惚的沒有形體的形體。

沒有形體的形體說了好像等於沒說，像是一個沒有存在的東西一樣，要怎麼證明？就像鬼神，這個世界一直無法證明鬼神的存在，就是因爲鬼神沒有實質的形體能被捕捉到，但是要知道沒有辦法被科學證明存在，不見得就是不存在。就像空氣，如果不是藉由呼吸我們才感受到它存在，否則在看不到的情況下如果人不呼吸也是不會知道空氣的存在的。

再換個角度想，這個在天地世界都還沒有形成之前就存在的東西，是不能落入任何形體而存在的。有形體便有局限，就會有先天環境的限制，它的創造就不會如此全然遍在。雲爲何可以千變萬化，因爲雲是一種隨機的組合，它沒有一種固定的形體限制，所以雲可以創造出無窮無盡的變化。有形體的東西變化就會有限制，人有形體，所以人的變化就只在這個形體之內，生老病死，而能超越形體變化的就是精神，或者說是心，人的精神與心可以超出形體之外，無遠弗屆的擴展想像，但是不論是醫學或科學還是無法證實人的精神與心在哪裡？可見得沒有形體的東西才是創造的開始，它找不到而且無法被現今的科學證明，但卻又如此眞實的存在。

超越了形體而存在而創造的就是道了，但是老子也說：「道可道，非常道。名可名，非常名。」能說得出的就不是永恆的道，能命名的就不是恆久的名。這樣一個不可思議的創造一旦說出口就會落入局限裡，但如何才能讓大家知道「道」的存在呢？老子說：「吾不知其名，字之曰道。」老子也不知道它的名字，如果眞要用字來代表，那就是「道」這個字了。

道生一，一生二，二生三，三生萬物。（第四十二章）

道是渾然一體，其中包含陰陽二氣，二氣交流新生，由此再產生了萬物。

道是有物渾成，先天地而生的某物，那麼道是如何開始運行的呢？

老子的「道」就像「零」在這個世界的發現一樣，充滿奇蹟。在人類的計算歷史中，「零」是很晚才出現的一個數字。長久以來人類的生活只需要計算有，根本不需要計算無，零隻雞、零顆蘋果、零頭牛！這在計算上是完全沒有意義的，爲什麼會需要零呢？

歷史上曾經因爲零的出現遭到抵制，羅馬教皇因爲有學者在筆記本裡記載了零的好處與說明，竟然因此把學者抓來施以夾手指的刑罰，此後那學者再也無法握筆寫字。從此，零在羅馬不能出現，因爲教皇說數字是由上帝創造的，而上帝並沒有創造零這個怪物，這也是爲什麼羅馬數字裡沒有零的來由。希臘人也討厭零，因爲零破壞了加法跟減法的原則，任何數相加一定會增加，任何數相減一定會減少，但是零不論相加相減卻沒有任何作用，沒有什麼能改變它，簡直就是讓人無能爲力的困惑。

數字對我們來說已經習以爲常，你能想像一個沒有「零」的世界嗎？在還沒有零以前，世界只有正數沒有負數，甚至無法想像零有任何的功用。零就是沒有，是一個還沒開始也不是結束的點，是一個空下來沒有意義的空間，但是有了零以後，世界擴展出另一個象限，零變成一個充滿意義的存在，它是空無卻是連繫正負的邊界。《從零開始》一書說：「如果你看零，你會看到空無；但如果你洞穿它，你會看到世界。」

其實零一直都存在，只是一直未被發現運用，印度人把零變成了數字，數學的另一個世界也從此開展。老子說的「道」就像零一樣，它沒有辦法讓你感覺像其他數字一樣實質的存在，它像空無一樣的存在著，不可捉摸，但又是一個渾然一體的東西，當我們知道它時，它已經創造出萬事萬物，就像零一開始只是介於一與負一之間的一個數字，但是卻因此創造了另一個世界一樣。

「道」一直都存在，就像「零」一直都存在一樣，只是老子提出了道，他發現道的存在，並且稱它爲「道」。如果一開始稱它爲零或初，那它便是零或初，它是一切的開始，它是一個完整，完整中再加以區分便是陰陽二氣，由這二氣互相交流不斷變化，就產生了萬物，如同生命的孕育，一陰一陽的結合從此人類繁衍生生不息，這便是道創造了世界萬物的過程。

人法地，地法天，天法道，道法自然。（第二十五章）

人效法地的法則，地效法天的法則，天效法道的法則，道效法自然的法則。

大部分的人都會覺得老子說道太抽象了，又是「道可道，非常道」，又是「道生一，一生二」，好像是個很難實際遵循的東西，無法落實在生活中。不像宗教，總是有明確的教義可以成爲人類行爲的標準。

基督教說人有原罪，所以只要信仰上帝就能得到救贖；猶太教說創始主是唯一的眞神，祂對遵守律法的人獎賞，對違背律法的人懲罰；伊斯蘭教認爲安拉是宇宙的主宰，所有的人（包括死人）都將在末日遭到審判，罪人會到地獄，義人會上天堂；巴哈伊教認爲只有一個唯一的上帝，但所有的宗教都是同源，人類也都出自同源的天下一家；印度教遵守種姓制度，相信因果輪迴；錫克教則反對種姓制度，強調人人平等；佛教則說諸惡莫作，眾善奉行，自淨其意，是諸佛教。

因為宗教總是會有一個創世神之說，自然的神就會被人格化而有行為的準則，老子的道是無神論，但世界從道而來，總還是會有一個運行的法則吧？道的標準是什麼呢？

在這裡老子不但給了解答，而且不說教的老子也在此稍稍透露了身為人的準則應該是什麼，天的準則是什麼？甚至把宇宙運行的祕密也在此揭示了。那便是「人法地，地法天，天法道，道法自然。」人應該要效法地的法則，地效法天的法則，天效法道的法則，終極的道則是效法自然的法則，也就是說不論是人、地、天、道全都是要效法自然的法則。

人如何效法地的法則呢？日出而作，日入而息，四時行焉，百物生焉。人就是要遵行大地規則，春耕夏作秋收冬藏，依循著自然的運行，但是科技的進步，人類開始違反自然，以致於人禍不斷，人類企圖想改變自然運行的規則，但終究遭到自然的反撲，雖然醫學進步了，但新的文明病也產生了，人類並沒有因爲文明而更快樂，反而因爲文明而不得不在這洪流中掙扎求生變得更不快樂。

地球的歷史約有五十億年的時間，維基百科上說：「如果把漫長的地球歷史濃縮至一小時，那麼動物是直到最後十五分鐘才出現的。而陸生動物則是在倒數六分鐘時才出現的。爬行動物時代在這一小時快走完時，才持續不過兩分多鐘。」也就是說人類的出現才占地球的兩分鐘而已，但這兩分鐘卻已經幾乎快破壞了漫長歷史中所留下來的一切，這便是人類違反自然的結果。

俗話說：「順我者昌，逆我者亡。」應該把「我」改爲「自然」，順其自然則生生不息，違逆自然則自取滅亡，這是所有人類都應該要深切反省的問題。

夫唯道，善貸且成。（第四十一章）

天下只有道是給與萬物而成就萬物。

老子的「道」最神奇的地方是什麼？就是它創造了萬物卻不以創造者自居，它是宇宙萬物的主宰，但它卻不像大部分的宗教教義，不聽創造神的話就會有懲罰條款，從來沒有一個所謂的「道之神」跳出來說現在你做壞事了會遭到報應，也沒有因為誰偷嚐了禁果被逐出伊甸園，更沒有說哪一種階級才是最高尚崇高的。

人類都在問有沒有所謂的創造者——神的存在？如果有一天你眞的有機會成爲上帝、成爲創造者，你會怎麼擔任這個職務呢？

電影《王牌天神》就是在述說一位一直當不了主播的倒楣記者，諸事不順便埋怨上帝，沒想到這次上帝終於聽到他的批評，讓他當一個星期的上帝看看。當你擁有如此大的權力，全宇宙都歸你所管的時候，你到底會成爲怎樣的宇宙無敵CEO呢？

劇中由金凱瑞飾演的代班上帝，當然先是滿足自己的心願，但很快的他就發現如排山倒海源源不斷的祈禱聲，充斥在他的耳朵裡。剛開始他還認眞傾聽，到後來爲了快速完成工作，他讓每一個祈禱都成眞，世界馬上被代班上帝搞得一團亂。原來成爲上帝並不如他所想的可以擁有一切，反而讓他迷失，最後他也終於知道，上帝給的最好的禮物就是接受自己，眞心的禱告與祝福。

如果你是上帝、是創造者，你決定怎麼做呢？是每當有人呼求時，你便回應解決問題，還是給他機會學習成長？當我們換個角度成爲創造者時，你才能眞正看到創造者的智慧。原來，「道」最大的特異功能就是創造，它創造了一切，從無到有，有什麼力量比從無到有更奇妙呢？但是在創造完成後，道的任務也就完成了，它並不以我是創造者所以這世界萬物都得聽從我、尊崇我來左右萬物的意志，它唯一的法則就是自然，就是無爲。

或許你會覺得什麼都不做就叫自然嗎？這不也太容易了！讓我們來檢視人類的親

子關係，有多少父母可以眞的讓小孩順著本性自然發展，而不是望子成龍、望女成鳳的希望子女依照著自己的期待走。因爲小孩是你所創造，所以父母往往就希望小孩能聽從，聽話的小孩得到父母的疼愛，不聽話的小孩總是造成緊張的親子關係。在人的世界裡總是充滿了支配的欲望，父母支配小孩、老師支配學生、老闆支配員工、丈夫支配太太、女友支配男友、前輩支配後進……，在任何的關係裡其實都看得到支配的影子，有多少人能眞的順其自然呢？

自然看起來很容易，但其實一點都不如想像中的簡單啊！

道沖而用之，久不盈。（第四章）

道是虛空的，但它的作用卻無窮無盡。

人類想盡一切辦法要延長壽命，但根據研究結果，人類最多只能活到一百到一百五十歲之間，而地球誕生於四十五億年前，以人類一百歲的壽命來算，地球是人類壽命的四千五百萬倍，另外，宇宙估計年齡是一百三十八億年，是地球年齡的三倍，人類壽命的一億三千八百萬倍。這還是以人類的科學能力所能計算出的數字，或許眞正的宇宙生命就像數學符號「∞」一樣是無窮無盡的。

自古以來，人類投入了多少心血在追求「長生不死」，但這一切的努力跟地球、宇宙的生命相比，根本微不足道。儘管現代的科技進步，也推廣各種養生之道，但金氏世界紀錄裡最長壽的人瑞也不過是一百二十二歲，也就是人類投入了那麼多資源作研究，它的成果跟道相比，也不過就是人類爭取到一眨眼的時間壽命而已。

老子說：「道之出口，淡乎其無味，視之不足見，聽之不足聞，用之不足既。」要談論道其實是淡而無味的，要認眞看道是什麼也看不到的，要認眞聽道也是什麼也聽不到的，但是道卻能源源不斷，怎麼用也用不完。道這麼平凡，它根本什麼都沒做，爲什麼卻能無窮無盡呢？

如果你瞭解「無」，你就能夠深入「道」，道是虛空的，唯有虛空才能無窮無盡、源源不絕，這就是道之所以「長壽」的祕訣。

道是無爲的，它順應自然，它存在但不干涉，它創造但不支配、它成就萬物但不居功，它無聲、無形、無執、無失甚至無我。如果人類眞想要長壽，那就必須學習「道」，學習順應自然，學習無爲，學習平凡。

郎靜山是享譽國際的百歲知名攝影大師，常常有人向他請教養生之道，他卻說自己沒什麼養生之道，只是一切順其自然。蔣夫人宋美齡女士也說她「保持正常的生活方式，輕鬆的、愉快的想得開也放得下。」前總統府資政陳立夫先生則有四十八字養生訣：「養身在動，養心在靜；飲食有節，起居有時；物熟始食，水沸始飲；多食果菜，少食肉類；頭部宜冷，足部宜暖；知足常樂，無求常安。」

由此我們可知，長壽祕訣別無其他——學習道，順應自然。

卷十二

德

升也。

道生之，德蓄之，物形之，勢成之。（第五十一章）

道孕育出萬物，德涵養萬物，萬物以各種形態表現，隨之便借勢生長起來。

《老子》一書原名即為「老子」，一直到漢代才開始被稱為《道德經》。為何稱為「道德」經呢？司馬遷的《史記・老子韓非列傳》裡提到了《老子》一書的來由：「老子修道德，其學以自隱無名為務。居周久之，見周之衰，乃遂去。至關，關令尹喜曰：『子將隱矣，強為我著書。』於是老子乃著書上下篇，言道德之意五千餘言而去，莫知其所終。」

《史記》裡提到老子修習「道德」，其所著的五千多言也被分成了上篇《道》經，下篇《德》經，可見老子思想核心的關鍵字便是「道」、「德」二字，只是現代人對「道德」的理解總有刻版印象，認爲「道德」便是一種跟良心禮法有關的約束力量。其實，老子說的「道德」完全不是這回事，它其實是一體的兩面，就像有生於無一樣。

「道」在上一章已經談過，這章我們談「德」，老子的「德」絕對跟我們所認知的「品德」教育無關，而是接近於「人之初，性本善」的生命最開始的本性有關，只不過老子用的是「德」。

「德」是怎麼來的呢？老子說：「道生之，德蓄之，物形之，勢成之。」道創造萬物，以德涵養，以形態表現，而後便借勢生長出來。道在創造萬物的時候，德早就已經在其中，就像基因，在精子、卵子在結合那一刹那，開始了生命，所有的基因序列早就在同時排列完成，在每個基因裡面都有遺傳的訊息，而這些遺傳訊息必須透過一種形態——即人的身體才能表現出來，否則它只是一種顯性隱性的排列組合，如果沒有身體，就無法表現舌頭卷或不卷，拇指彎曲或不彎曲，是單眼皮還是雙眼皮，而最後這些基因還必須在天時地利人合的條件促成下，生命才得以誕生成長。

如果說「德」是生命的禮物也不爲過，因爲它在創造的同時就已經決定了它的本質、特性，老子的「德」絕對不是要判斷性善或性惡，它沒有選擇任何一邊，德是一種完整、圓滿而具足的本質，它不需要任何的修整或教育，它只需要如實呈現，因爲如實，所以無須刻意造作，只要任其自然，一切便能水到渠成。

上德若谷。（第四十一章）

至高的德有如山谷。

既然老子的「德」是一種生命的本質，爲什麼還要有「上」德之分呢？這不是又回到教育品德的範疇了嗎？而且這不是將德分了等級嗎？

除非你仔細觀察，否則一位眞正具備老子所說的有「德」之人，其實是讓你完全認不出來的，因爲他必定非常平凡。因此，老子提供我們幾個觀察眞正有德之人的方法，他們有三種特性。

第一種特性：「上德若谷」。至高的德有如山谷，這便是說觀察一個人看他是否能如山谷一樣謙下，能謙下之人必是有德的。眞正高聳的山便是起於深谷，但山從未自己宣揚它的崢嶸，這便是老子所說的：「江海所以能爲百谷王者，以其善下之。」

也是能「下」的表現。

第二種特性：「廣德若不足」。寬廣的德不會自滿，它就是一種「無」的表現，不會覺得自己什麼都會而自滿，反而是時時刻刻讓自己回歸到「無」的狀態。只有無才能不斷的創造，杯子必須空了才能倒水，水滿了就無法再容納更多的水，所以說寬廣的德便像「無」一樣，永遠不會自滿，也永遠有空間容納創造。

第三種特性：「健德若偷」。剛健的德有如怠惰，為什麼是怠惰？因為看起來就像一個很不積極的人，其實是「無為」的表現。道創造萬物，但它卻無為而治，任萬物自然發展，所以這也成為道最具力量的特性——健德。它像偷懶一樣什麼都沒做，它完全不以造物者自居去主宰萬物，但萬物卻自己展現了最強的生命力量。所以說，一個具有剛健德性的人，看起來就像一個怠惰的人，只是你必須判斷它是真的偷懶還是無為，偷懶跟無為的生活態度是不一樣的，偷懶是一種隨便的性格，無為卻是一種隨緣的性格，其實是不一樣的。

那麼或許有人會疑惑，為什麼還有「上德」、「廣德」、「健德」之分呢？這三種德是不是有等級之差，上德才是最好、最有德的人呢？老子不是說了「天下皆知美之爲美，斯惡矣。」這樣一分別，不是成了「天下皆知德之爲德，斯惡矣」了嗎？不是這樣的，之所以有「上德」、「廣德」、「健德」只是在於展現德不同面向的特性，即便德也是得依賴不同的形態「物成之」來表現，如同世界有不同的人種一樣，都是一種生命型態的表現，並不能說哪一種人才是優秀的或是最好的，老子提出了三種德的表現型態，在於幫助我們更能瞭解德眞正的狀態該是什麼。

含德之厚，比於赤子。（第五十五章）

涵養深厚的德就像嬰兒一樣。

我想大家都能同意嬰兒就是一種最原始的樸拙狀態，擁有赤子之心，但是涵養深厚的德就像嬰兒一樣，是不是說人就像嬰兒一樣，出生以後就不需要學習、教育，只要保持出生時未被世俗所汙染的狀態，這樣就表示是具有深厚德性的人了？

這就如同在科學的實驗中，所有的條件必須設立在假設的情況下才能導出結果，在現實的社會中，具有變數的條件往往多於所有假設的條件，除非人類再回到最原始鑽木取火的穴居年代，否則在現代社會中要人類能完全不受其他變數影響，只是純粹的在最原始的狀態下成長，幾乎是不可能達成的事。

所以，人一旦出生就不可能永遠保持像嬰兒的赤子之心的狀態嗎？

石頭希遷是唐代的禪宗大師，他自小隨禪宗六祖惠能大師出家，但是不到兩年的時間，六祖圓寂了，小小年紀的石頭希遷遵循了六祖的交待讓他「尋思去」，他便前往青原山去找行思禪師。行思禪師是六祖的五大弟子之一，他一見到從曹溪來的小師弟，便問：「你從哪裡來？」石頭希遷回答：「我從曹溪來。」行思禪師接著再問：「在曹溪那裡得到了什麼？」沒想到石頭希遷的回答很妙：「即使沒到曹溪我也沒有失去過什麼。」行思禪師再問：「如果是這樣，那還去曹溪做什麼呢？」石頭希遷卻回答：「若不到曹溪，怎麼會知道自己原來什麼都不會失去呢？」

這則禪門公案是在說人人都有佛性，這是本來就具有的，不論到哪裡都不會改變也不會失去，但是人必得經歷這種追尋的過程，如果不經歷、不歷練是不可能眞的知道答案的，即便一開始就知道答案，但如果沒有經過自我追尋驗證的過程，答案也只是一種知識，它並不會眞正的形成智慧深入你的心。而這種追尋的過程就如同石頭希遷所回答的，如果沒有去過曹溪，怎麼會知道呢？

人一出生雖然擁有赤子之心，但是經歷過成長、教育、世俗的種種變化，必讓人進入「見山不是山」的階段，即便是成佛的釋迦牟尼也是在經歷了苦行後才悟出苦行無法達到解脫，所以人要回到擁有赤子之心的狀態，必得也是在經歷中追尋後才能再度回到「見山是山」的赤子狀態，也只有那個時刻，才能眞正的「驀然回首，那人卻在燈火闌珊處。」

重積德，則無不克。（第五十九章）

只要不斷累積德性，就沒有什麼不能克服的。

如果「德」是一種本性，那該如何積累，它原來就存在在那裡，有多少是多少？爲什麼還需要積累呢？

在我們脫離母胎後，種種的人爲因素早就使我們自己失去了本性的德，我們都忙於做別人而不是做自己，別人買名牌我們就跟著買名牌，別人去整型我們就跟著去整型，別人換手機我們就跟著換手機，別人戴鑽石我們就跟著戴更大顆的鑽石。我們總是羨慕著別人，看不到自己，看到的別人都是優點，看到的自己都是缺點、都是不滿，永遠都不夠。

回來做自己吧，一棵小樹因爲不斷的做自己可以長成林蔭大樹，它不會想長到一半開始羨慕花，但是人會，人會在成長的道路上迷失自己，不知道自己要什麼，做不成自己只好做別人，做別人就會對生活有很多抱怨，遇到困難就失去克服的勇氣，如果你常常回歸到自己的中心，看到自己的本質，你就會對自己沒有任何的懷疑，你會知道這就是你，這就是你想要的，即使再多的困難也無所謂，因爲你充滿了自信，那就是你自己，那就是你本來的面目，如果自己都不能接受自己本來的面目，那怎麼能期待別人一樣接受你呢？

在成長的路上，我們常常面臨選擇，要選擇熱門的行業？還是選擇自己的理想？毛姆在《月亮與六便士》中提到：「做自己最想做的事，生活在自己喜愛的環境裡，淡薄寧靜、與世無爭，這難道是糟蹋自己嗎？與此相反，做一個著名的外科醫生，年薪一萬鎊，娶一位美麗的妻子，就是成功嗎？」並不是說做一個著名的外科醫生就代表不是做自己，如果你天生擁有纖細的手感、細膩的敏銳度與不拖泥帶水的果決，這就是你本具的德性，你就應當去發揮做你自己，但如果你不具備這些只是覺得外科醫生表面上很光鮮亮麗很值得被尊敬，那你就是在做別人。

我們都失去自己太久，先把自己找回來吧，看看自己那個本來具有的德性是什麼，找回它並且開始實踐它，讓你的德性開枝散葉，而後你便能屹立不搖，這便是積累的功夫，眞積力久則入，自然便能兵來將擋，水來土掩，沒有什麼不能克服的了。

玄德深矣，遠矣，與物反矣，然後乃至大順。（第六十五章）

奧妙的德是很深遠的，它是反璞歸眞，然後便能順應自然。

什麼是玄德？老子說：「生而不有，爲而不恃，長而不宰，是謂玄德。」創造但不占有，無所不爲但不自恃，任其生長而不主宰，這就是玄德。

不占有、不自恃、不主宰就是一種無爲的特性，這種具有無爲特性的德是很奧妙而深遠的，人要怎麼樣才能眞正發揮這個創造生命的同時上天所給的禮物呢？

老子說就是要「與物反矣」，意即反璞歸眞。回到生命最不虛假的狀態，回到最純樸的本性，然後你就能回到最初的創造「道」，你便能順應自然。

有一位富翁到一個海邊度假，海邊有漁夫悠閒的垂釣，已經習慣忙碌工作的富翁看到如此閒人，實在看不過去，便勸漁夫應該要努力工作賺錢。漁夫也沒有立刻反駁富翁，只是淡淡的問富翁，把時間都投入在努力工作賺錢是為了什麼？富翁想也不想回答：「當然是要過好日子，賺了錢就可以買房子、買車子，然後偶爾來海邊度假釣魚，享受人生啊！」那漁夫便笑笑著說：「我這不就已經在享受人生了嗎？」

這便是一種反璞歸眞，拋棄多餘的束縛，不要造作虛假，不要用頭腦來判斷，依隨你心。如果你能在一個沒有網路、沒有電視、沒有手機、沒有電腦甚至沒有任何電子遊戲的地方，還能夠安然處之，還能夠自在愉快，那便是反璞歸眞。你不需要外在的東西來幫你打發無聊，如果你回到自己的本德，你就能安適自處，萬物靜觀皆自得，你就會看到玄德如此美妙，道如此美妙，一棵樹、一朵花、一株草都是如此美妙，都是如此具有玄德。

《可蘭經》說：「每個人都處於歸途中。」從生命的創造開始我們便在返回生命本身，只是這段路程有太多的糾結使得我們迷途，我們被慾望煩擾而憂慮不堪，忘掉那些煩擾與不安，回到你的本性裡，你會發現原來你一直都與萬物同在，從來沒有所謂的失去與獲得，你就是「無」，你也是「有」，你就是「德」，你也是「道」。

國家圖書館出版品預行編目資料

非常道．老子 / 賴純美著.
—— 初版 . ——臺中市　：好讀 , 2014.04
面：　公分，——（名言集 ; 03）

ISBN 978-986-178-283-6（平裝）

121.31　　102008145

好讀出版

名言集 03

非常道．老子

作　　者／賴純美
總 編 輯／鄧茵茵
文字編輯／莊銘桓
美術編輯／鄭年亨
發 行 所／好讀出版有限公司
臺中市 407 西屯區何厝里 19 鄰大有街 13 號
TEL:04-23157795　FAX:04-23144188
http://howdo.morningstar.com.tw
（如對本書編輯或內容有意見，請來電或上網告訴我們）
法律顧問／甘龍強律師

戶名：知己圖書股份有限公司
劃撥專線：15060393
服務專線：04-23595819 轉 230
傳眞專線：04-23597123
E-mail：service@morningstar.com.tw
如需詳細出版書目、訂書、歡迎洽詢
晨星網路書店 http://www.morningstar.com.tw

印刷／上好印刷股份有限公司 TEL:04-23150280
初版／西元 2014 年 04 月 15 日
定價：250 元
如有破損或裝訂錯誤，請寄回臺中市 407 工業區 30 路 1 號更換（好讀倉儲部收）

Published by How Do Publishing Co., LTD.
2014 Printed in Taiwan
ISBN 978-986-178-283-6

讀者回函

只要寄回本回函，就能不定時收到晨星出版集團最新電子報及相關優惠活動訊息，並有機會參加抽獎，獲得贈書。因此有電子信箱的讀者，千萬別吝於寫上你的信箱地址

書名：非常道 · 老子

姓名：____________ **性別：**□男 □女 **生日：**____年____月____日

教育程度：____________________

職業：□學生 □教師 □一般職員 □企業主管

□家庭主婦 □自由業 □醫護 □軍警 □其他____________

電子郵件信箱（e-mail）：________________ **電話：**____________

聯絡地址：□□□ ________________________

你怎麼發現這本書的？

□書店 □網路書店（哪一個？）____________ □朋友推薦 □學校選書

□報章雜誌報導 □其他____________________

買這本書的原因是：____________________

□內容題材深得我心 □價格便宜 □封面與內頁設計很優 □其他________

你對這本書還有其他意見嗎？請通通告訴我們：

____

你買過幾本好讀的書？（不包括現在這一本）

□沒買過 □ 1 ～ 5 本 □ 6 ～ 10 本 □ 11 ～ 20 本 □太多了

你希望能如何得到更多好讀的出版訊息？

□常寄電子報 □網站常常更新 □常在報章雜誌上看到好讀新書消息

□我有更棒的想法____________________

最後請推薦五個閱讀同好的姓名與 E-mail，讓他們也能收到好讀的近期書訊：

1.______________________________

2.______________________________

3.______________________________

4.______________________________

5.______________________________

我們確實接收到你對好讀的心意了，再次感謝你抽空填寫這份回函

請有空時上網或來信與我們交換意見，好讀出版有限公司編輯部同仁感謝你！

好讀的部落格：http://howdo.morningstar.com.tw/

請填妥後對折黏貼，直接投郵即可，無須貼郵票。

廣告回函
臺灣中區郵政管理局
登記證第 3877 號
免貼郵票

好讀出版有限公司　編輯部收

407 臺中市西屯區何厝里大有街 13 號
電話：04-23157795-6　傳眞：04-23144188

沿虛線對折

購買好讀出版書籍的方法：

一、先請你上晨星網路書店http://www.morningstar.com.tw檢索書目
或直接在網上購買

二、以郵政劃撥購書：帳號15060393 戶名：知己圖書股份有限公司
並在通信欄中註明你想買的書名與數量

三、大量訂購者可直接以客服專線洽詢，有專人爲您服務：
客服專線：04-23595819轉230 傳眞：04-23597123

四、客服信箱：service@morningstar.com.tw

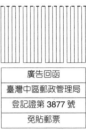